伝説のファンドマネージャーが実践する株の絶対法則

大是文化

全球最大主權基金經理人的獨門選股密技

飆股的長相

我不看財報
照樣選對股票

U0134777

阿布達比投資局傳奇基金經理人　**林則行**————著

鄭舜瓏————譯

五步驟，讓你最快買到真正的

STEP ①

運用K線圖
找出真正的飆股

穩定後陡升
就是飆股起漲點

平穩期
期間：六個月以上
範圍：15%以下最優
　　　30%以上別買

淘汰四種假飆股
①獨行狼②公司重整
③落後補漲④公司購併

確保
股價具飆漲能量

STEP ②

企業過去
是否發生巨大轉變

最近二～三季
獲利成長20%以上
營業額成長10%以上

符合以下
任一巨大轉變
①搭上時代潮流順風車
②獨占某個利基市場
③受惠於政府政策

確保
企業未來一定很賺錢

STEP ③

從技術指標
推估市場買氣

創新高價
當天的成交量：
比20日MV多二～三成

創新高價當天的
K線波動率：
4%以下：低風險
4%～6%：中度風險

拆解波段構造，算出
預測高點
預測高點＝近期低點
（股價）＋近期漲幅

確保
預測漲幅20%以上
才能買進

飆股！

STEP ④ STEP ⑤

掌握大盤走勢

下單

中趨勢（每天檢查）
創新高價股數量比2%以上

創新高價股數量比＝

$$\frac{過去一年創新高價股數量}{上市櫃公司總數}（\%）$$

大趨勢（偶爾檢查）
①世界主要指數走勢，是否突破
近期高價？
②本國走勢是否與世界一致？

確保
飆股漲勢不被大盤拖累

定律是買在
創新高價的隔天

用比前一天收盤價
低0.5%～1.0%的價位
限價下單

分散投資
①一檔股票只占資金十分之一
②十檔股票再分散成不同類股

確保
可能發生的虧損最小

目錄

提高機械性操作的比重，找出真正大飆股

76%亮眼報酬率的冠軍操盤人／黃嘉斌

　　本書作者林則行是全球最大主權基金「阿布達比投資局」的傳奇基金經理人，也是日本K線大師，文中所闡述的內容，都是作者多年來的實戰經驗，並且去蕪存菁後所彙整出來的投資心法，為投資人設身處地點出具體可行的操作步驟。

　　有別於其他大師級的投資叢書，大多僅闡述一些「觀念」或「原則」，甚少提及該如何去執行實踐，往往細讀後只覺得精彩、佩服，甚至羨慕作者，但卻遍尋不著學習法與著力點，因此《飆股的長相》是一本很難得、且一定要再三閱讀的好書。

　　具體教授尋找飆股的步驟，不僅是本書的重要特色，更突顯出作者願意與人分享的胸襟。在此特別建議讀者，不僅應再三精讀，將其當成投資選股的「工具書」，更應將作者所提出的方法**驗證於台股中**，來加深印象，熟習他的方法，如此才能實際運用在尋找未來值得投資的「**飆的**」，進而消化成自己獨特的選股依據。

　　在投資領域中，所憑藉的決策理論可概分為兩大派系，一派以基本面為依歸，另一派則奉技術分析為圭臬。不過，一般投資人甚至是機構法人在實際決策時，大多數是游移於兩者之間，然後再加上直覺與經驗（通常是情緒與喜好），比如有些操盤人對於某些

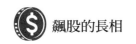

產業或公司總是敬謝不敏，就算已有具體證據說明該股價將持續上漲，還是選擇避之唯恐不及。究其原因，往往來自於曾在該產業或公司投資失敗的經驗，造成主觀上的好惡與情緒所致。

筆者從事研究、投資工作二十餘年，亦不能免俗地犯下主觀情緒的謬誤，因此林則行透過分析，找出飆股的一些質化特徵，並進一步加以量化，將這些條件輔以簡單的數學運算，做為最終的決策標準。當投資決策依據有八成來自於機械性操作，兩成部分需要自己思考，不但可以減少因主觀情緒導致的錯誤，更可以讓那兩成需要思考的部分有更多時間做出更縝密的正確決策。**提高機械性操作的比重，而且不需使用到精密複雜的財務工程當作背景，是林則行在本書中非常重要的貢獻。**

以股價高低和波動幅度為起點

從各個投資人的屬性區分，有資金投入多、寡之別，或者一般投資人、機構法人，還有積極、保守之分，短、中、長期之分等，不同性質所著重的點也各有不同，當我們細部拆解整個完整的投資架構，從最上層的趨勢（長期），到背景、政策（中期），乃至於波動（短期），有趣的是，儘管彼此用於投資的決策不盡相同，卻又密不可分，甚至作者巧妙地教導讀者，在無法從最上層的趨勢進行研判時，就從最底層（Bottom Up）的方式，以股價高低（K線型態）與股價波動幅度做為起點，找尋值得中、長期持有的飆股。

作者提出上述這兩種他自己最服膺的技術分析法，認為是尋找長期投資飆股最有效的研判工具，其實這兩種方式便是業界所慣稱

的「型態學」與「量價關係」。同時，這兩項工具也是業界以基本面為素養的專家，最常採行的方式，主要是用來補足基本面研判的不足，也就是「基本面為主、技術面為輔」的觀念展現，並在實務應用上，要有基本面凌駕於技術面之上的觀念。

簡單來說，市場總是存在著先知先覺者（即Insider）——已故投資大師科斯托蘭尼稱為長期投資者，他們總是領先市場、站在趨勢前端，當這些人開始默默買進之初，在K線型態上便會出現「平穩期」，如果說研判方向正確的話，隨著時間的流逝，將會更有利於買進方（即多方），而且強度將愈來愈大，這就表示訊息的揭露慢慢地越來越多，市場知悉的人士也同時增加了，當這種狀況達到多空臨界點，多方的力道超越空方時，股價脫離平穩期便開始飆升，而這通常也是基本面、業績正式公布的時候。

5個月大漲76%的大飆股

記得2006年，群聯（8299）的股價正式創下2年新高之前，也經歷一段不短的平穩期，直到同年11月7日量價俱揚、轉折向上、突破新高，並於3天內補量，同時較前次高點成交量的3,191張高出54%，吻合了「創新高價當日的成交量愈大，股價飆漲機率愈高」的原則。

此次群聯的股價不僅站穩200元關卡，股價還一路攀升到355元，以5個月的時間大漲76%，之後再經歷另一個階段整理，再度啟動「第二階段上漲」，直奔715元的高峰，合計前後時間不過1年，共上漲了2.5倍。在這段期間內，果然不斷傳出快閃記憶體（flash

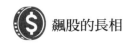

memory）缺貨的訊息，公司備有數月的低價庫存，以及得到東芝（Toshiba）、金士頓（Kingston）的大力奧援，以低價穩定貨源不至於匱乏，獨享漲價的利益等。

透過K線型態的解讀，就算我們不能成為先知先覺者，至少還是能窺得玄機成為後知後覺者，享受漲勢開拔後的報酬，即使報酬率不及先進者，總比在一旁乾瞪眼來得好。許多錯失起漲買點的人，往往因「成本」的罣礙，錯失後續更大的一段行情。

其實先期投資者承受不確定因素與時間風險較高，若是基本面按劇本發酵，他們享有較後進者三到五成的成本優勢也無可厚非，而後進者縱使絕對報酬率較低，但少了時間的等待，再將報酬率年率化，也未必不及，許多事情一經轉念，便可以迎刃而解。

《飆股的長相》這本書，是林則行三十餘年來實戰經驗彙總後的精華，為我們指引一條通往成功投資的道路。「投資之途無帝王之路」（意指無捷徑），有了本書的指引，倒是提供一條少了很多障礙的坦途。

在寂寞與等待中，
找到自己的飆股

《今周刊》顧問、《財經熱點》主持人／林宏文

　　從事新聞工作二十餘年，我有很多機會接觸眾多財經產業人士，常聽到大家侃侃而談產業與投資趨勢；我也認識不少投資高手，每個人都能說出一套成功心法；我更常聽到周遭許多朋友，會善意提醒應該注意哪些「即將要大漲」的「明牌」。在工作之餘還能享有這種「紅利」，大概也是很多朋友羨慕記者工作的原因。

　　沒錯，我的確聽過許多「好康」的事情。「這是一個千載難逢的好機會，你絕對不要錯過！」這類的話，經常讓我在每天的投資決策裡，意亂情迷、三心二意。

　　但是，累積多年的慘痛教訓後，我只能很無奈、也很無趣地告訴大家，只要聽到這種太好的消息，隔天興沖沖地跳進去，下場往往都很慘。而且，根據我的觀察，即使報明牌的人股齡再久、經驗再豐富，賠錢的機率一樣很高。

　　因為告訴你明牌的人，通常不會告訴你何時該出脫；公司業績或基本面有變動時，更不會知會你；更糟的是，你不可能是第一個聽到這支明牌的人，卻極有可能是最後幾個知道的人。股市明牌往往稍縱即逝，只能帶來短暫的激情，若沒有基本面支撐，更常帶來大災難。

務實一點來說,股票投資原本就是一個「爾虞我詐」的行為,萬般拉抬只為出貨,若不加以細究,每一支明牌都會變成包著糖衣的毒藥,最後你就成為那隻被送入虎口的羔羊。

大約十幾年前,我認識一位在竹科半導體公司上班的朋友,他在累積幾家公司的工作經驗後,便決定離職,到台北的證券業上班,由於對產業脈動了解深入,對於IC設計業的投資判斷相當精準,讓沒有產業背景的老闆印象深刻。而他最主要的判斷依據,當然是來自於他對基本面與個別公司的理解與掌握。

主跑科技產業多年,見證產業的起伏興衰後,我也有類似的投資經驗。在選擇投資標的時,我一定要對該產業處於景氣循環的何種位置、產業的內外在競爭環境,以及個別企業的競爭力等,都先做過透徹的研究後,才決定要不要出手。透過反覆的研究與長期的練習,我選擇的投資標的,成功率已明顯贏過大盤,當然也比聽明牌要高明許多。

買賣的時機點,比基本面更關鍵

不過,了解基本面仍然不夠,我也認識不少對產業基本面相當熟悉的朋友,股票投資卻一樣不順利。我聽過最多的例子,就是很多園區科技業的高階主管,自己的股票都買在高點、賣在低點,和一般散戶沒什麼兩樣。

若要歸納一個基本的投資原則,我覺得基本面只占決策比重的六、七成,但要選到一支飆股,尤其是掌握買進與賣出的時間點,有另外的三、四成因素絕對不能輕忽,包括對個股的技術指標、量

價關係、K線型態等的研究，尤其在決定買賣的時機點上，這些因素恐怕更為關鍵。

翻閱由日本K線大師林則行所著的這本《飆股的長相》，我發現作者的觀察與我的經驗有許多類似之處，而且，與一般股票投資書籍不同的是，這不只是一本談技術指標的書，其中處處顯示作者對於產業基本面有深入的觀察，甚至有不少獨到的見解。

例如「**三種巨大轉變，讓企業變得很賺錢**」、「**小心！四種誘人的假飆股**」、「**這支飆股會漲到哪？**」等章節，把**基本面與技術面的觀念做融合，讓他的股票致勝邏輯能夠闡述得更加完整、並更具可信度。**

此外，隨手舉幾個作者在書中所說的原則，例如「平穩期愈長，股價漲幅愈大」、「買在突破近期新高價的位置」等，其實正是作者**對產業基本面與技術面的相互印證。**平穩期長，代表的是產業進行供需及體質的調整，而選擇買在突破近期新高價的時機點，則讓大部分無法長期等待的投資人，可以在股票起漲前，在最適當的時機出手，以獲取最大的報酬。

如果以近幾年台灣電子業中的四大「慘」業，在經歷三年股價的調整期後，2013年的太陽能、DRAM、LED產業，都已逐步復甦，股價漲勢也最為驚人，拿來驗證作者的投資原則，確實相當具體可行，而且又具備可操作的實用性。

此外，這位投資經歷超過30年、被視為傳奇的基金經理人，雖然在書中引用的大部分案例都是日本企業，但是對台灣讀者來說，這反而成為本書最值得玩味之處，因為**這樣的投資原則放之四海而皆準。**不帶情感的技術指標，有時反而是判斷股票多空最好的依

據，因為公司的業績展望有時候會騙人，但技術指標及量價關係，卻往往透露著大股東或圈內人無法掩飾的操作痕跡。

而且，近年來台灣許多產業漸失國際競爭力，投資人征戰海外的比重也大幅增加，這本書提出眾多的投資原則，正可做為投資人轉進歐美日韓以及香港、大陸股市時，一個簡單可行的選股參考。

投資是容易的，等待是困難的

最後，我還想分享兩個自己的投資經驗。我覺得，投資其實是一件非常個人的事，也是一條很寂寞的路，想在股市長期獲利，只有自己投入時間研究、觀察與練習，在錯誤中修正自己的投資壞習慣，在眾聲喧嘩中找出適合自己的股票，才能成為最終的贏家。

此外，我也覺得大部分的投資回報，都來自於對產業長期趨勢的掌握，以及伴隨而來的漫長等待。就像詞曲創作人李宗盛在〈你像個孩子〉這首歌中所寫的一段歌詞：「工作是容易的，賺錢是困難的；戀愛是容易的，成家是困難的；相愛是容易的，相處是困難的。」而最後一句道出：「決定是容易的，可是等待，是困難的。」沒錯，決定投資標的有時比較容易，但如何等待到題材發酵或實現，卻是最困難的事。

希望每位投資朋友都能從這本書中，找到自己成功的操作心法，更重要的是，找到每個人投資世界中的那支飆股。

比別人早一步看出：
「就是這支股票」

　　我寫這本書，目的是讓股票投資人增強實力，以柔道比喻的話，就是從白帶（請參閱《大漲的訊號》）進階成黑帶。我的目標，是教你一眼就看出將來會上漲二到三倍的股票。這類股票看似稀少，但股市確實存在著股價翻倍的實例，其中存有人人都能接受的簡單理由，也必然存在能一眼看出這種股票的邏輯。

　　股價會翻倍，代表該公司一定發生了巨大變化，**買股的關鍵，就是買在公司發生巨大變化的時機點——這是本書最重要的觀念**。26年前，我跟著投資大師吉姆・羅傑斯學投資時，他就強調：「所有細節一概不管，只看大變化，一定要找出發生巨大變化的時機點。」當我聽到這個觀念時，手上猶如多了一把銳利無比的獲利武器。

　　多年來，我擔任基金操盤手，一直遵從並實踐吉姆的教導，透過實戰經驗的累積，我已摸索出一套獨門方法，能分辨「哪家企業即將發生巨大變化？最佳的進場時機點在哪裡？如何擁有掌握大局的觀察力？」，這些方法都將在本書公開，只要熟讀本書，下回碰到能翻漲二到三倍的股票，你就能立刻判斷：「就是這支！」能做到這件事，是因為本書掌握了以下三個投資重點，能帶領讀者，比別人早一步看出飆股的長相。

三大重點，讓你最快找到飆股

一、**只看大格局**。投資股票不能被細節卡死，必須著眼於大格局，因為任何投資方法都只能導出兩個結論：「買」或「不買」，就像氣象預測最重要的，無非是告訴觀眾今天出門要不要帶傘。投資股票不但不需要複雜的知識，而且知道愈多反而阻礙愈大。

二、**無論大盤漲跌，都能有效獲利**。大部分的投資人在賠錢時就會想：「是不是該換個方式投資？」其實這是非常危險的操作方式。相撲力士常說：「我照自己的方式比賽。」意思是無論對手是誰，自己的戰鬥方式都不變；投資股票也是一樣，方法或原則不該因大盤漲跌而改弦易轍。本書將教你選出長期發展看好的股票，並在它急遽上漲的瞬間買進──這才是投資的王道，無論大盤將來怎麼走，遵守我的投資法則，就能有效獲利。

三、**決勝的關鍵，在於把虧損控制在最低限度**。控制虧損的能力決定了投資的成敗。我舉個簡單例子，讓大家了解控制虧損的重要性：有兩個人比賽猜拳，贏家得到一塊錢，輸家要付一塊錢，一百回合下來後，身上剩下最多錢的人就是獲勝者。此時如果有人懂得某種擁有60％勝率的猜拳技巧，最後他贏了60次、輸了40次，所以身上還有20元。

如果有人懂得勝率58％的技巧，最後贏了58次、輸了42次，則身上還會剩下16元。**雖然他的猜拳技巧，勝率跟上一個人只差了2％，但獲利卻少了20％**。2％感覺很少，但在投資裡，這2％代表了專業和業餘的差別。

什麼形狀的K線，有60％勝率？

本書是我的前作《大漲的訊號》（大是文化出版）的實戰篇。我在那本書中表示，我的投資方法有**八成是靠機械性操作，只有兩成需要自己思考**，於是我心想：何不將投資中最困難、必須做出「買」或「不買」結論的思考過程，以有系統的方式說給讀者聽？本書就是因此而誕生的。

比起前作，本書增加了更多K線與圖表的範例說明，但我有自信，這是股票書裡專有名詞最少的一本，請大家記住：操作步驟簡單，才是通往獲利的捷徑。

投資人必學的重點，具體來說有三項：
1. 如何看出企業的未來性？
2. 什麼形狀的K線圖，可以期待它上漲？
3. 如何對市場大格局地思考？

或許有人覺得：「既然要教導讀者成為專業投資人，對象應該是初階者吧？」但投資本來就不該分級，因為股市並沒有「適合初學者買的股票」，也沒有「適合初階投資人的買股時機點」。**能夠獲利的股票、能夠獲利的買股時機，不會因為投資人的實力高低而有所改變**，因為新手一旦投入股市，就得和老手交手；但我認為即使是**新手，也有機會打敗老手**，這也是我寫這本書的目的之一。

和《大漲的訊號》不同的是，本書的每節開頭，我都會用星號表示這節內容的重要程度，三顆星代表「非常重要」，兩顆星代表

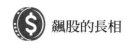

「很重要」，一顆星代表「重要」。請讀者先很快地把全書讀過一遍，然後從星號多的章節開始加強理解。

書末是我精心設計的檢核表，與前作不同的是，這次的檢核表加上K線圖的圖解分析。好好運用這份檢核表，就能有效率地選出未來能飆漲二到三倍的股票；或者你有想要買進的個股，也能運用這份檢核表，找出判斷上的盲點。

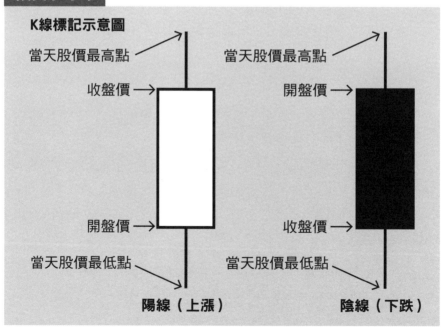

第一章

選股密技百百種，
我的最快看出飆股

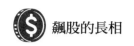

 # 四個步驟，
迅速看出飆股的長相

獲利重點：練出迅速看見飆股的「直覺反應」，就能贏在比別
人快一步。

重要度：★★★

你有沒有碰過類似的經驗，電視節目上出現新藝人，或是跟公司、業界的前輩或晚輩初次碰面，往往你只看一眼就能感覺到：「這個人以後會成功！」

直覺與瞎猜不同，那是你累積了許多閱人經驗後的反應，我相信從以前到現在，能讓你直覺「這個人以後會成功！」的對象，只有鳳毛麟角。

股票也是一樣，我們必須投資那種直覺「這支一定會飆漲」的股票，要做到這一點，就得練習看懂飆股的「漲」相；而想磨練這樣的眼力，就得大量接觸股票，了解公司成功的必要條件。

這種直覺有個特色，就是你對自己的選擇不會妥協。當你去超商買啤酒時，最喜歡的廠牌剛好賣完，這時你多半會改買第二喜歡的廠牌；但我們不會因為今天沒看到讓人眼睛一亮的厲害人物，就降低標準，對另一個人產生「這傢伙不簡單」的感覺；股票也是一樣，我們不會因為今天看不到有「漲」相的股票，就退而求其次，感覺另一支股票會飆漲。

投資股票最重要的是，能一眼看出其價值。專業的機構投資者

（institutional investor，指非個人的法人投資機構）幾乎都練就憑直覺看出股票「漲」相的本領——我這麼說絕對沒有誇大其實，事實上，這種直覺不是一朝一夕速成，而是經過大量的個股研究磨練出來的，而本書就是要培養你，一眼就看出飆股長相的實力。

或許有人認為：「直覺很難捉摸，可能是與生俱來的敏銳度，不是人人都能學會。」這麼想就太杞人憂天了，因為我過去也曾無法靠直覺選股，但是只要跟我一樣，照著本書的五步驟練習，培養這種直覺力，就能比別人預先布局，因為你一眼就能看出飆股的長相。

一定會漲的股票，長什麼樣？

那麼，讓專業投資人直覺「這支一定會漲」的股票，究竟長什麼樣？

請見下頁圖表1-1。第一張K線圖是靠著Wii席捲全球的遊戲機製造商任天堂，任天堂的股價從2003年的谷底到2007年的高點，總共翻漲了9倍。第二張K線圖是在快速時尚（Fast Fashion，指能因應潮流快速推出新品、且價格大眾化的企業，如Zara、H&M等）裡，以優衣庫（UNIQLO）品牌聞名全球的迅銷公司，其股價從2002年到2012年，總共翻漲了8倍。

如果問目前全球最耀眼的企業是哪一家，我想答案十之八九是蘋果公司。蘋果公司於2001年推出可攜式音樂播放器iPod、2007年推出iPhone、2010年推出平板電腦iPad，這一連串的強勁攻勢，讓蘋果股價從2003年的谷底到2012年的高點，總共飆漲了95倍（見下頁圖表1-1的第三張圖）。

圖表1-1 飆股的「漲相」：股價最高能翻漲百倍

■ 任天堂的月K線圖

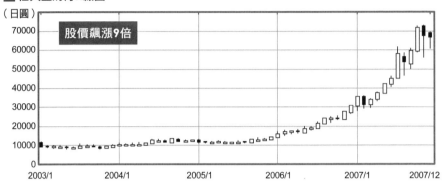

股價飆漲9倍

■ 迅銷公司的月K線圖

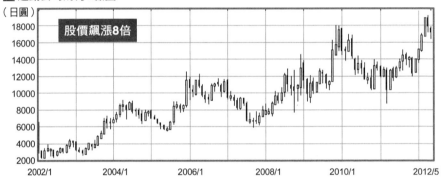

股價飆漲8倍

■ 蘋果公司的月K線圖

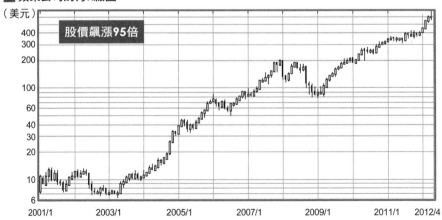

股價飆漲95倍

說明：飆漲倍數是以最高價除以最低價來計算。

相較之下，微軟呢？它曾是全球 IT 龍頭，但時至今日，大家還覺得微軟在領導 IT 產業嗎？我想沒人這麼認為吧，因為他們除了升級 Windows 版本，沒有其他獲利策略；進入雲端時代後，他們的經營只會更加艱難，微軟的股價從2000年以後，就幾乎是在原地踏步。

不過，在1990年代，微軟曾是成長型企業（指因本身具備某些優勢，如行業領先、技術壟斷和管理高效等，而具有可持續發展的能力、能得到高投資回報的企業）的指標，因為它幾乎獨占了電腦作業系統市場，並隨著電腦的普及，獲利愈來愈驚人。請見圖表1-2，微軟的股價在1990年代成長了98倍，當時投資人對微軟的敬畏，與今天的態度真是不可同日而語。

圖表1-2 微軟股價曾經翻漲98倍，是1990年代的超級大飆股

■ 微軟的月K線圖

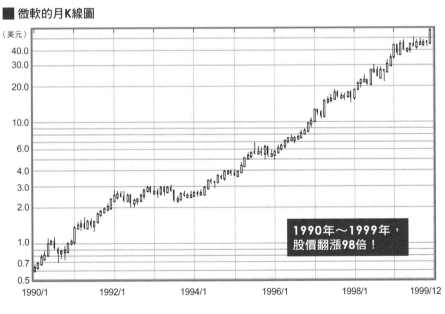

1990年～1999年，
股價翻漲98倍！

「1990年代的超級大飆股是微軟，之後由蘋果接棒。」這個事實對大家來說或許並不新鮮，但我相信有很多人看到這裡，才知道飆股的股價竟然可以飆漲近百倍，等於拿1萬元投資，可以拿回100萬元！

飆股定理一：獲利持續成長20％

我們從前面的例子可以看出，凡是獲利無法成長20％以上的企業，根本稱不上成長型企業；而企業想要持續成長，就必須能提供社會需要的技術與服務——這些技術和服務，能讓投資人直覺：「這支股票一定會漲！」

由此，我們得到飆股的第一條定理：**企業獲利持續成長20％以上，股價就會飆漲；反之，做不到這一點，股價就注定低迷。**

我們回頭檢驗蘋果與微軟這兩家公司的獲利情況。圖表1-3是以2000年的獲利為基準點，來比較兩家公司EPS（每股盈餘）的成長幅度。微軟從2000年以後，獲利成長率降到20％以下，而蘋果則是超過20％。

從2000年到2011年，蘋果的年均獲利成長率為36％；相較之下，微軟平均只有14％。14％的成長率在不景氣時已經算是非常出色的表現，但還是無法滿足市場的期待。微軟從1992年到2000年的年均獲利成長率有35％，到了2011年卻只剩下14％，連原先的一半都不到。2003年，微軟的獲利終於突破過去網路浪潮最沸騰的2000年高點，比蘋果早兩年達到這個目標，但股價依舊沒有大漲。

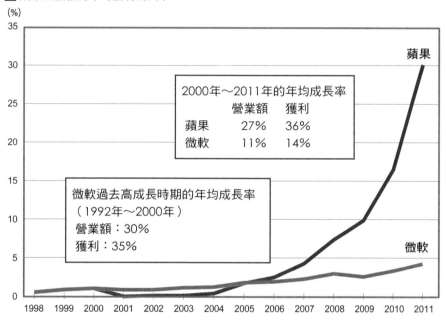

圖表1-3　微軟股價曾在1990年代翻漲98倍

■ 蘋果與微軟的年均獲利成長率

2000年～2011年的年均成長率		
	營業額	獲利
蘋果	27%	36%
微軟	11%	14%

微軟過去高成長時期的年均成長率
（1992年～2000年）
營業額：30%
獲利：35%

説明：左側數值是兩家公司以2000年的EPS為基準點計算其成長率。

飆股定理二：股價能突破過去高點

　　年均獲利成長率長期維持20％以上的企業，就是具備飆股長相的投資標的，不過，預測企業未來的成長率，不是一件簡單的事。

　　我們對每天穿的、吃的、用的產品，對其所屬公司的股票，或許還能做到某種程度的判斷；但如果牽涉到原物料、機械、電腦軟體等一般消費者比較陌生的領域，就束手無策了，偏偏大部分的上市公司，都是一般人不熟悉的領域。由此可見，想藉由掌握社會脈

動、公司動態來選出飆股,不是一件容易的事,因此,我建議以股價走勢圖來當作突破點。

股價走勢圖代表全體投資人的意見,獲利好、有未來性的公司,走勢自然會上揚,反之則會下跌。再者,不管是汽車製造商還是原物料供貨商,不同產業的公司,走勢圖都以相同形式來表現;換言之,股價走勢圖讓投資人可以用同一個標準衡量所有企業,這麼好用的工具沒有道理不用。

運用股價走勢圖,我們可以掌握跟「獲利成長20%以上」同等重要的**第二條飆股定理:能突破過去高點**。

股票分兩種:一種能迅速上漲,另一種會持續低迷。當股價真正上漲時,一定會突破過去高點;沒有突破過去高點,股價絕不可能持續上漲。換句話說,能突破過去高點的股票,才是真正的飆股。

股價創新高宛如命運的十字路口,**投資人進場的最佳時機,就是突破新高價位的瞬間**。

例如蘋果公司在2005年1月終於突破2000年網路浪潮的高價,隨著iPod風靡全世界,蘋果2005年第一季的每股盈餘(EPS)甚至來到35美分,相較於前年同期只有8美分,等於一年就漲了4.38倍,漲幅非常驚人。

在2005年第一季財報公布一週後,蘋果的股價就創下歷史新高。從圖表1-4上圖來看,蘋果在突破新高價後,股價暴漲了17倍。相較之下,微軟(見圖表1-4下圖)自1999年12月以後,股價就沒有再創過新高,到了2012年,股價甚至攔腰砍一半,這代表它的表現讓投資人買不下手。

即使你所研究的股票不像蘋果或微軟這麼經典,也沒關係,你

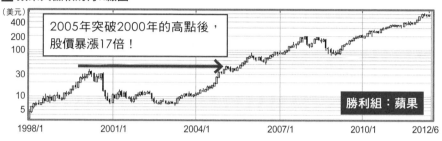

圖表1-4 真假飆股的分水嶺：是否創新高價

■ 蘋果與微軟的月K線圖

2005年突破2000年的高點後，股價暴漲17倍！

勝利組：蘋果

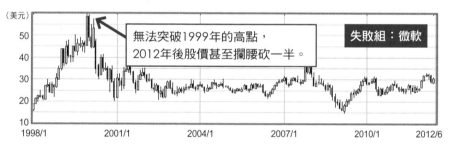

無法突破1999年的高點，2012年後股價甚至攔腰砍一半。

失敗組：微軟

只需記住這個定理，就不會認錯飆股：**沒有創新高價的股票，就不會大漲。**

同時滿足兩大定理，才是真飆股

有些投資人覺得「等價位跌深一點再買才划算」，但股價會跌，一定有它的道理，況且股價下跌不代表一定會反彈回來，也可能繼續下殺。如果有人曾經因為微軟股價下跌便逢低買進，現在股票可能還住在套房裡，遲遲等不到它漲回來。

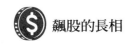

　　總之，當你不確定某檔股票是不是真正的飆股，只要看股價走勢圖就對了；但是投資人難免會遇到灰色地帶，因為有些股票看起來明明不錯，卻還不足以讓人鐵口直斷：「這支股票一定會漲！」

　　例如，有人可能會想：「說到IT產業，谷歌也是其中的佼佼者，買谷歌的股票如何呢？」我猜很多人的直覺都是：「谷歌的股價表現雖然不如蘋果，但比微軟好太多了。」這麼分析固然沒錯，但投資是「買」或「不買」的二元世界，光用「表現介於蘋果和微軟之間」來判斷是否可以進場，理由似乎不夠充分。

　　像這種時候，股價走勢圖就能派上用場了。請見圖表1-5，谷歌

圖表1-5　沒有創新高價，不算真飆股

■ 谷歌的月K線圖

的股價從2004年掛牌上市到2007年的高點，總共翻漲了7倍，但之後便走勢持平、進入平穩期。

關於平穩期，我會在第二節詳述。目前光看谷歌的走勢圖，就能明顯看出它的走勢比微軟強勁很多，也能看出谷歌的實力，確實介於蘋果和微軟之間；但除了這一點，股價走勢圖還能看出此時不是買進谷歌的好時機，因為**真正的飆股走勢不會持平，而是會陡升**。

在這5年的平穩期中，谷歌的獲利成長了2倍。如果只做基本面分析，那麼股價應該也會上漲2倍，事實上卻並非如此。谷歌雖然持續進行大型的購併計畫，但本身除了搜尋引擎，沒有其他大筆的收益，所以投資人都在觀望它能否找到新的高收益來源；換句話說，投資人認為長期來看，這家公司很難維持20％以上的獲利成長率——這就是谷歌無法創新高價的原因，因此，谷歌不算真正的飆股。

此外，說到網路時代的大贏家，絕對不能漏掉社群遊戲。過去電視遊戲機曾經引爆極大的熱潮，我由此推論社群遊戲的熱潮也不會是曇花一現。日本最大的社群遊戲公司GREE，2007年4月的會員數已達116萬人，到了2011年底，會員數更是飆升到1.9億人。

如下頁圖表1-6所示，GREE的股價從2008年掛牌上市到2011年的高點為止，一共上漲了6倍，股價則在「開箱子」（指用戶付費後，可隨機獲得虛擬寶物）成為社會問題前的幾個月觸頂。

從2008年6月到2011年6月，GREE的經常利益平均成長了133％，而且新上市的股票在蜜月期後通常會大跌，這檔股價卻從一開始就不斷看漲，所以上市後平穩期沒有持續太久就突破高點（創新高價）——此時就是最好的買點。從這兩條飆股定理來看，無論獲利或股價走勢，GREE都達到標準，是不折不扣的飆股。

圖表1-6 符合兩大定理，就是不折不扣的飆股

■ 日本社群遊戲公司GREE的月K線圖

（日圓）

2008年～2012年，
股價飆漲6倍！

掛牌上市

突破新高價時就是買點

從2008年6月到2011年6月，
營收年均成長116%
獲利年均成長133%

2008/12　　　2010/1　　　2011/1　　　2012/4

決定「買」或「不買」，只需四步驟

本書的精華就濃縮在圖表1-7中。當你在做投資決策時，請務必檢查以下四個項目，我以☀的數量來標示每一項的重要性。

1. 公司是否出現巨大轉變 ☀☀☀☀☀

該不該買進某支股票，最重要的就是判斷該公司是否出現巨大轉變？獲利是否急速成長？具體來說，就是第一條飆股定理：這家公司的獲利，能否維持20％的成長率？因為這是最重要的項目，所

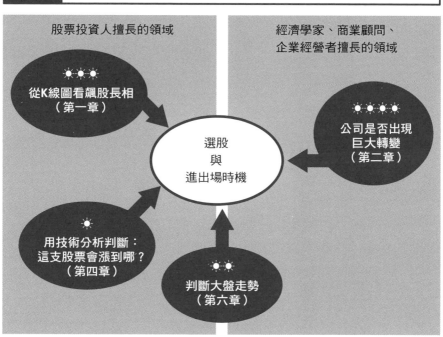

圖表1-7 分析股票，請從左邊簡單的步驟開始

股票投資人擅長的領域

從K線圖看飆股長相
（第一章）

選股
與
進出場時機

經濟學家、商業顧問、
企業經營者擅長的領域

公司是否出現
巨大轉變
（第二章）

用技術分析判斷：
這支股票會漲到哪？
（第四章）

判斷大盤走勢
（第六章）

說明：★表示重要度。分析個股時，建議從左邊，股票投資人擅長的領域開始嘗試。

以我給它四個★，詳細內容我會在第二章說明。

最擅長判斷一個事業是否出現巨大轉變的，通常是經濟學家、商業顧問或企業經營者，但我們很少聽說這些人靠投資股票致富，因為嚴格來說，投資股票和分析事業是兩回事，因此，無論是經濟學專家、對事業發展敏銳度很高的人，還是擅長預測景氣的專家，都無法掌握股市行情。

2. 看股價走勢圖選股　☀☀☀

經濟學家、商業顧問、企業經營者無法靠股票致富，最主要是因為他們沒有養成看股價走勢圖的習慣。即便他們知道某個事業將來大有可為，但他們的進場時機不是太早，就是利多早就反映在股價上，對選股沒有足夠的敏銳度。

專業投資人在選股時，一定先看股價走勢圖（方法詳見第一章第二節），遵照飆股的兩大定理，去尋找創新高價股。**股價走勢圖是將所有重要的情報匯聚在一張圖中的便利工具**，光是這張圖就能衍生出各式各樣的分析技巧，我們沒道理不好好利用它。我認為善用股價走勢圖，才是通往獲利的捷徑，所以我給它三顆☀。

真正會漲的飆股，股價走勢圖會表現得非常鮮明強烈，當它出現創新高價時，就是最好的買點。這好比是藝人的經紀公司，他們很少從零開始培育一個新人，往往是在某個人突然爆紅時趕快簽下，因為爆紅的人已經通過市場的檢驗，所以值得投資。

當你選出中意的個股後，還要拿你選的股票跟別的股票做比較，了解目前市場如何看待你選的股票（方法詳見第三章）。如果你選的股票裡，有一支的股價走勢與其他同業完全不同，就要多加注意。

3. 判斷大盤走勢　☀☀

注意大盤動向非常重要，因為當股市進入下跌行情時，即便是成長型企業，股價也會跟著下跌，所以當大盤呈現跌勢時，最好不要進場。關於這部分，我會在第六章詳細說明。

注意大盤動向雖然重要，但我只給兩顆☀。因為大盤動向和政

府政策、經濟脈動往往會有連動關係，也是投資人比較沒把握的領域。因此，儘管大盤的漲跌對股價有決定性的影響，但投資人不能把判斷能否進場的重點，全放在大盤上。

4. 用技術分析判斷：這支股票會漲到哪？　☀

技術分析（方法詳見第四章）的重要度雖然只有一顆☀，但對於提升投資的精準度非常有幫助。

我們在進行投資決策時，難免會摻雜個人的主觀想法，例如相信基因醫學有大好前景的人，自然會對基因治療概念股抱持樂觀的態度。相較之下，技術分析是單純只有數值的世界，當某個數值出現，就代表這支股票的股價有很高的機率會上漲。在技術分析中，個人判斷完全沒有插手的餘地，所以是非常有效的分析工具。

以上是買進的部分，關於賣出，我會在第五章詳細說明。

2 穩定後陡升，
就是飆股的起漲點

獲利重點：平穩期後的創新高價，就是買點。

重要度：★★★

　　看K線只有一個重點，就是在「穩定後陡升」時買進，具體來說就是找到「脫離平穩期的創新高價位置」。

　　如何確定你買的價位是在平穩期即將結束的位置？如何確定買進後是起漲，而不是走跌？投資人想買在「穩定後陡升」，必須掌握三件事：

1. 找出平穩期，K線圖就看懂八成；

2. 確認是否符合平穩期的三個條件；

3. 從基本面檢查業績（營業額＋獲利）。

一、找出平穩期，K線圖就看懂八成

　　首先，我們得知道平穩期長什麼模樣。平穩期是指股價持續在小幅度的範圍內波動，股價波動小，是平穩期最主要的特徵。就像「暴風雨前的寧靜」，**平穩期是「飆漲前的寧靜」。**

　　平穩期非常容易辨識，每個人都可以輕鬆看出平穩期的位置。例如圖表1-8信越化學的K線圖，紅色圈起來的地方就是平穩期。從

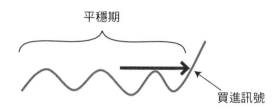

| 圖表1-8 | 找出平穩期，K線圖就看懂八成 |

■ 信越化學的月K線圖

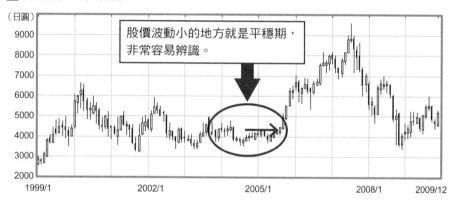

1999年1月到2009年這11年間，沒有比圈起來的地方波動幅度更小的時期。只要會看平穩期，K線圖就等於看懂八成了。

　　從下頁圖表1-9的K線圖來看，投資人的進場時間應該選在平穩期後陡升的A點，如果你買在刷新史上最高價的B點就太晚了；此外，從後見之明來看，投資人若能買在C點當然最好，但在現實中，你不該買在C點，因為說不定它會繼續下跌，或是需要好長一段時間才會漲上去。

　　這就是要買在「穩定後陡升」位置的理由，請先了解這條規則

圖表1-9　三個不同買點，哪一個最好？

■ 電裝公司的月K線圖

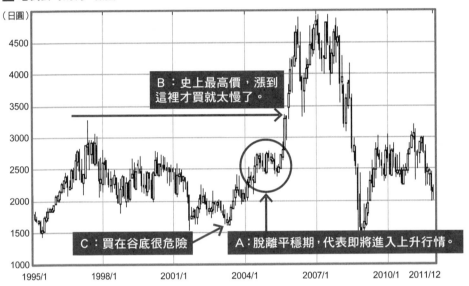

（日圓）

B：史上最高價，漲到這裡才買就太慢了。

C：買在谷底很危險

A：脫離平穩期，代表即將進入上升行情。

4500　4000　3500　3000　2500　2000　1500　1000

1995/1　　1998/1　　2001/1　　2004/1　　2007/1　　2010/1　2011/12

背後的道理，投資時你會對自己的決定更有信心。

　　請想像有一艘潛水艇，在水裡朝天空發射飛彈。站在地面上的我們，要等到飛彈射出水面，才會發覺它的存在，但其實飛彈在水中早就已經發射了。拿股價來比喻的話，水面就是史上最高價（所有的投資人都察覺到了），而潛水艇的發射處就是穩定後陡升的高點（此時進場等於比別人早一步買到飆股）。

　　升破史上最高價的股票是真正的飆股，這種股票一定要買；但想要比別人早一步抓住先機，就要學會判斷「穩定後陡升」的K線長相（我在第六章第二節會進一步說明，碰到「低水位的穩定後陡升」該如何因應，請一併參考）。

穩定後陡升，就是飆股的起漲點

「穩定後陡升」是令投資人最安心的買點。一般而言，股價總是會上下波動，如果買在波段高點，之後股價就會下跌；而史上最高價，就是上升波段的最高點。

我們在上一節介紹過蘋果公司，圖表1-10是它2000年～2005年的K線圖。如果你買在突破2000年歷史新高的價位，從圖表上看，大約三個月後你就應該停損了。在這之前，蘋果的股價幾乎每個月都開出陽線（上漲），所以隨時出現微幅下跌的狀況，一點也不稀奇。

圖表1-10　脫離平穩期，就是飆股的起漲點

■ 蘋果公司的月K線圖

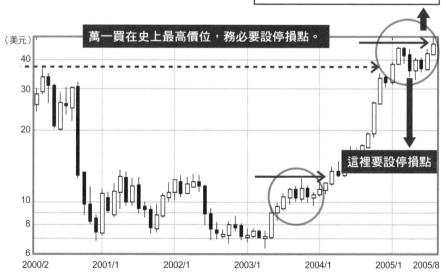

說明：紅色圈起來的位置，分別是2003年與2005年的平穩期。

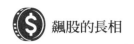

　　最好的買股時機是脫離兩個紅色圈圈的位置，也就是脫離平穩期後。錯過2003年第一次平穩期的投資人，2005年還有一次進場的機會。這兩個買點都是脫離平穩期後立刻大漲（2005年以後的圖表礙於篇幅只好割愛，但之後蘋果的股價飆漲了14倍）。

　　為什麼股價走勢圖上會形成平穩期呢？基本上，股價的波動反映了企業的經營成績，但通常不會如實反映。投資人的反應有時比企業的經營成績強烈，有時比企業的經營成績微弱，有時提早有時落後；當然，有時也會陷入不上不下的膠著狀態，這種狀態就是平穩期。

　　如圖表1-11所示，最好的買股時機位於虛線（代表如實反映企業獲利的股價）下方，因為虛線下方的股價都會在近期內反彈回

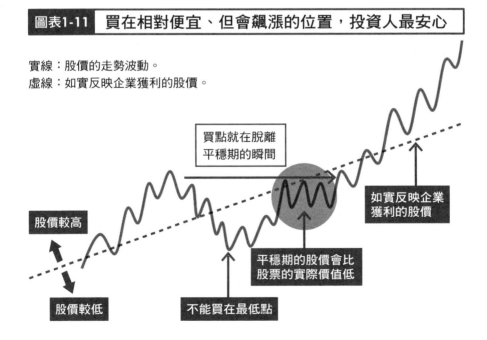

圖表1-11　買在相對便宜、但會飆漲的位置，投資人最安心

實線：股價的走勢波動。
虛線：如實反映企業獲利的股價。

買點就在脫離
平穩期的瞬間

如實反映企業
獲利的股價

股價較高

平穩期的股價會比
股票的實際價值低

股價較低

不能買在最低點

升，而且平穩期的股價也落在虛線下方，相對來說比較便宜。

　　每個投資人都想買在谷底，但在實際操作上，沒有人知道股價下跌，到底是反映企業的真實價值？還是市場的過度反應？連企業經營者看到股價疲軟，都會擔心：「難道未來產品需求會下降嗎？」而有時，他的擔心剛好就成真了。

　　股價是否真的跌到谷底，投資人可利用技術分析窺知一二，但技術分析還是無法判斷這是長期谷底（即將反轉），還是短期谷底（繼續震盪走跌）。

　　例如相對強弱指標 RSI（Relative Strength Index），是用價格的升降來比較某支個股相對於整個市場的強度，當 RSI 數值降到30以下，代表投資人可以賣出持股。可是在圖表1-12裡，野村證券的長

圖表1-12　技術分析看不出股價會不會繼續落底

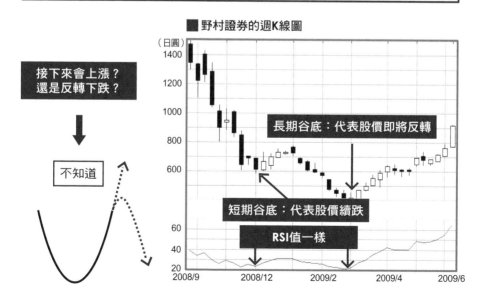

■ 野村證券的週K線圖

接下來會上漲？
還是反轉下跌？

不知道

長期谷底：代表股價即將反轉

短期谷底：代表股價續跌

RSI值一樣

期谷底和短期谷底，RSI 數值一模一樣，可見光靠RSI，投資人無法判斷這支股票接下來的走勢會如何。

有些股票進入平穩期後，即使每季出爐的財報數字都很亮眼，股價卻不動如山；而且就算接下來幾季的財報同樣漂亮，股價還是文風不動，直到某一天，投資人彷彿全醒過來似的，股價便突然一飛沖天。

例如日本建築公司新興 PlanTech，請看圖表1-13中的平穩期（紅色網底部分）及這段時間的獲利表現，平均來說，新興PlanTech 各季的經常利益成長率在100％（兩倍）以上，股價卻沒什麼動靜。但它的股價一創新高、吸引了投資人的關注，立刻一飛沖天。理論上來

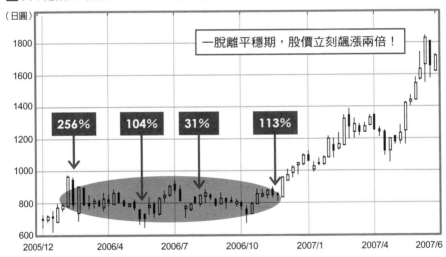

圖表1-13　即使獲利成長，股價仍維持在平穩期

■ 日本建築公司新興 PlanTech 的週K線圖

說明：圖中的％為當季財報的經常利益成長率（與去年同期相比）。

說，獲利成長一倍，股價應該也要成長一倍，但直到它創新高價後，這支股票才迅速飆升了兩倍（從800日圓飆升到1,800日圓）。

2011年日本311大地震後，營建股無不開出紅盤，因為日本政府投入的復興預算是以兆為單位。照理來說，營建股的股價應該應聲上漲，但請看看圖表1-14，這支營建股應聲下跌後，進入了數個月的平穩期——此時最好的買點，就是剛脫離平穩期的時候。

圖表1-14　地震概念股進入平穩期

■ 間組建築公司的週K線圖

二、確認是否符合平穩期的三個條件

　　平穩期該怎麼看？請見圖表1-15，漂亮的平穩期必須符合以下三個條件：

　　1. 期間：六個月以上。

　　2. 範圍：平穩期的高價與低價之間的幅度，稱作「範圍」。例如平穩期的期間，高價是1,000塊，低價是800塊，那麼範圍就是20％。計算時，通常採取發生在高價之後的低價。計算公式為：

$$範圍（％）=（1-\frac{低價}{高價}）\times 100$$

圖表1-15　平穩期的三個條件

漂亮的平穩期

③高價：突破過去兩年來的最高價

①期間：六個月以上

②範圍：30％以下

不漂亮的平穩期

不是過去兩年來最高價

不漂亮的平穩期

未滿六個月

3. 平穩期最高價的位置：平穩期的最高價位置，至少必須跟兩年前的高價一樣，假設只達到過去一年以內的高價位置，則累積的上漲能量不足，很難出現暴漲情況。

漂亮的平穩期，範圍的形狀和鉛筆一樣細長，長度（期間）愈長、幅度（範圍）愈小，脫離平穩期後暴漲的機會愈大，其中尤以「範圍」影響最大。當範圍超過30％，買進的風險會增加；反之，若範圍在15％以內，暴漲的可能性就很高。

我們來看看判斷是否符合平穩期三個條件的幾個例子。首先請看圖表1-16紅色網底的地方，從形狀來看，東芝電力公司並未形成真正的平穩期，因為它的範圍很大，而且股價只是回到原本的高

圖表1-16	沒漲相的平穩期：幅度太大、不夠細長

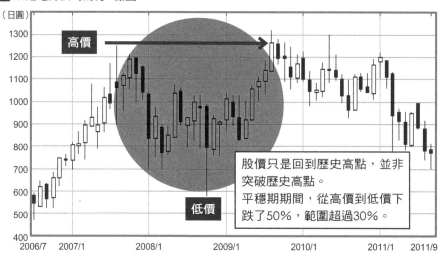

■ 東芝電力公司的月K線圖

股價只是回到歷史高點，並非突破歷史高點。
平穩期期間，從高價到低價下跌了50％，範圍超過30％。

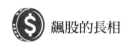

點,並非創新高價。買進這種股票,成功率通常很低。

而在圖表1-17裡,三菱重工與野村證券這兩家公司的起漲時間差不多,但是平穩期較長的三菱重工,比平穩期偏短的野村證券,股價上升幅度高出許多。這兩張K線圖顯示,它們幾乎是同時期進入上漲軌道,理論上從市場接收到的上漲能量,應該也是相同的,結果在漲幅上卻出現落差,可見「**飆漲前的寧靜**」持續愈久,飆漲的**潛力便愈大**。

圖表1-17 **平穩期愈長,股價漲幅愈大**

■ 三菱重工的月K線圖

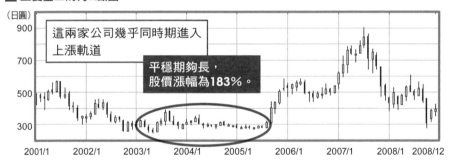

■ 野村證券的月K線圖

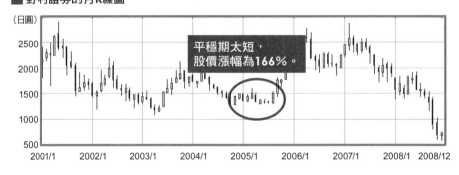

　　圖表1-18是兩家生產學名藥的大廠，我們來看它們各自的平穩期。東和藥品的範圍是28％，差一點就超過30％了。相較之下，澤井藥品只有14％就非常理想，果然之後澤井藥品股價的漲幅較大。

　　如果範圍太大，股價脫離平穩期後，飆漲機率會降低很多。請見下頁圖表1-19，日本食品製造商味之素，長達15年的範圍都維持在40％～50％之間，平穩期不夠平穩，即便股價三度創新高，也是假的買進訊號。

圖表1-18　範圍愈小，上漲機會愈大

■ 東和藥品的月K線圖

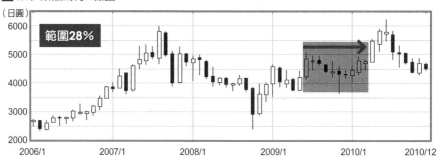

■ 澤井藥品的月K線圖

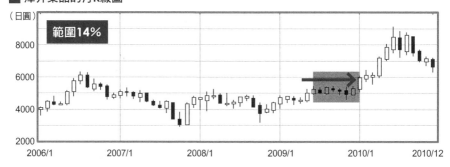

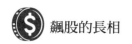

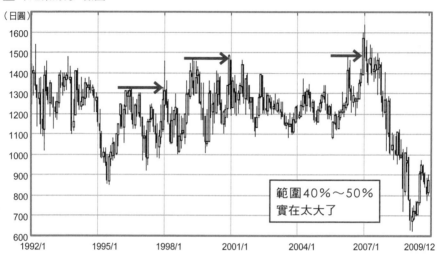

圖表1-19 平穩期不夠平穩,就算創新高價也不能買

■ 味之素的月K線圖

說明: ➡ (箭頭)所指的是假的買進訊號。

平穩期後,突破近期高價是買點

不過,要注意有些公司K線範圍大,是因為業績快速成長。通常業績快速成長的新興企業,幅度會比較大,這種情況就像溫度(業績)愈高,分子(股價)就會愈活躍。

圖表1-20是日本社群遊戲公司GREE和東利多(大型餐飲連鎖店,旗下品牌包括丸龜製麵)的週K線圖,這兩家企業的平穩期,範圍分別是35%和36%。GREE最近一季的營收成長245%、獲利成長183%(去年同期它剛掛牌上市,無法比較)。東利多和前年同期比,獲利分別成長了100%、114%、67%,成長幅度也相當驚人。

圖表1-20　快速成長型企業的範圍較大

■ 日本社群遊戲公司GREE的週K線圖

業績
營業額成長245%
獲利成長183%

範圍35%

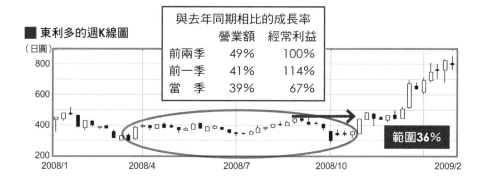

■ 東利多的週K線圖

與去年同期相比的成長率		
	營業額	經常利益
前兩季	49%	100%
前一季	41%	114%
當　季	39%	67%

範圍36%

　　另一個要注意的是，如果只是買在「脫離平穩期」，那只是買在飆漲的初期，能買在飆漲初期固然很好，但其實還有讓投資績效更漂亮的買點。

　　請見下頁圖表1-21，皮球剛落地時反彈幅度最大，之後就會逐漸縮小；平穩期的形狀也差不多是這樣。當我們說平穩期的範圍要像鉛筆一樣細長時，感覺每個波動的上下範圍似乎是差不多的，但實際上，K線圖每次的波動範圍都不一樣，遇到這種情況，只要記住一個原則即可：**在平穩期之後，突破近期高價的位置，就是最佳買點。**

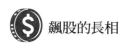

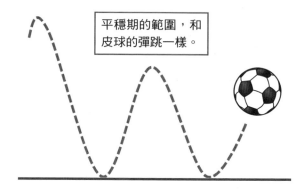

圖表1-21 平穩期就像皮球，範圍會逐漸縮小

平穩期的範圍，和皮球的彈跳一樣。

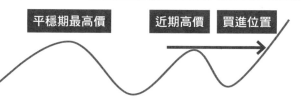

圖表1-22 兩個平穩期，以範圍最小的來找買點

平穩期最高價　近期高價　買進位置

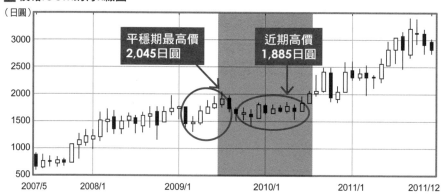

■ 價格.COM的月K線圖

（日圓）

平穩期最高價
2,045日圓

近期高價
1,885日圓

3000
2500
2000
1500
1000
500

2007/5　2008/1　2009/1　2010/1　2011/1　2011/12

說明：1. 價格.COM是一家日本電子商務公司，旗下有兩個部門：網路媒體部門主要提供個人電腦、家電等價格情報；財務部門主要提供網路金融服務，包括外匯保證金交易及壽險與非壽險保險的代理業務。
　　　2. 圖表1-25即為本圖顯示紅色網底部分的週線圖。

當平穩期不只一個，選範圍最小的

　　雖說平穩期的股價波動幅度會愈來愈小，但實際上最常見的K線模式，是由兩個較大的波動組成。請見左頁圖表1-22，當中以紅色圈起來的第二段波動幅度較小，所以股價突破近期高價時就是買點，此時比起買在平穩期最高價，會便宜9％。

　　此外，也有股票像圖表1-23一樣，有三個平穩期的狀況。在這種狀況下，通常第一、二個範圍較大，其實不太符合平穩期的定義，但到了第三個，範圍就會縮減到理想的14％。

圖表1-23　三個平穩期，一樣選範圍最小的

■ 眼鏡連鎖企業 Jin 公司的月K線圖

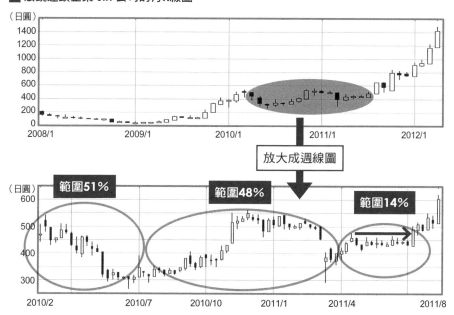

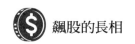

　　只有一個例外比較麻煩，請見圖表1-24。它的第二個平穩期範圍也很小，但股價的位置卻高出一些。在第一個平穩期結束時，投資人會以為它即將進入上漲軌道而買進，但後來卻下跌，這才發現是假的買進訊號，不得已只好停損（在跌破近期高點時賣出）。如果遇到這種情況，你必須在第二次的平穩期重新進場。

　　第二個平穩期的買價比第一次波動還要貴，而且才剛脫手就發現又漲了，此時你的心很容易產生動搖：「怎麼變那麼貴？」或是後悔：「早知道就不要賣。」你必須克服這種心理，否則無法從大漲行情中獲利。

　　只要照著我的方式操作股票，你漸漸就會了解：「以淡定的

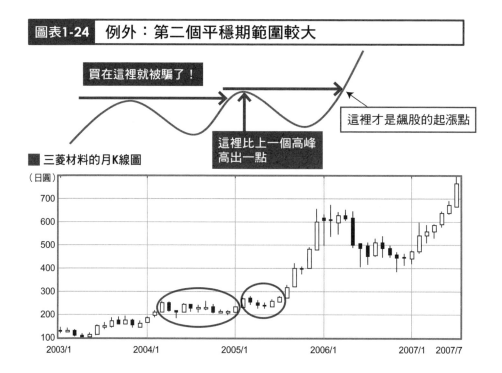

圖表1-24　例外：第二個平穩期範圍較大

買在這裡就被騙了！

這裡才是飆股的起漲點

這裡比上一個高峰高出一點

■ 三菱材料的月K線圖

心，照著規則投資，才是獲利的最佳途徑。」雖然第二個平穩期價位較高的例子比較少見，但還是請各位記住這種例外的應對策略。

務必要買在「突破近期新高價」的位置

買在平穩期後、「突破近期新高價」位置，可以大大降低投資的風險，因為我們對股價的預測，不可能細到連每日的行情都能估算出來，即使大盤處在上升行情，投資人還是經常會遇到股價下跌5％～10％的情況。

假設你買了一支飆股，它的價格早已翻倍，那麼就算現在下跌10％，你可能也會覺得：「行情本來就有漲有跌，沒什麼好擔心的，就繼續抱著吧。」然後放心地繼續持有；但要是你今天剛下單的股票，隔天立刻下跌5％～10％，你可能就會開始擔心：「這支股票是不是買錯了？」並且懷疑自己是否判斷錯誤。

下頁圖表1-25就是典型的案例。這是取自圖表1-22紅色網底部分放大的週K線圖。請注意，在剛剛突破平穩期高價的那一週，開出了一條陰線，股價整整下跌一個星期。如果你在此時進場，股價會隨即下跌7％。

看到剛相中的股票，股價一口氣下挫7％，我想很多人一定會狠狠地認賠殺出；有些人即便沒有立刻賣，但看到剛買的股票當週就跌得這麼慘，也會對自己的判斷力產生動搖，或是打算等股價一回升到買價後就立刻脫手。因此，與其買在「脫離平穩期」，選擇買在「突破近期新高價」的位置，就不用冒這種風險。因為當股價開始飆漲，就不會出現忽漲忽跌的情況。

圖表1-25 買在突破近期新高價的位置，比較安全

■ 價格.COM的週K線圖

股價突破近期歷史新高後，上漲了83%。

平穩期的最高價位

平穩期的近期高價

請注意陰線的地方，如果你買在脫離平穩期後的最高價位，股價將立刻下跌7%。

説明：價格.COM的月K線圖請見圖表1-22。

三、從基本面檢查業績（營業額＋獲利）

平穩期的形狀愈狹長，股價上漲的機率確實愈高，但投資的時候不能光靠股價走勢圖判斷，還必須從基本面檢查它是否已經蓄積了足夠的飆漲能量。我們只要看它過去二到三季的業績即可。

規則如下：

過去二～三季（與去年同期相比）

營業額成長10%以上

經常利益（台股為稅後純益）成長20%以上

一定要看清楚你選的股票，是否達到上述標準，如果沒有達標，那麼就算它的K線圖看起來多有飆漲潛力，你都必須淘汰。

以圖表1-26的近畿車輛來說，它的業績好到不能再好了。如果依照美式的K線分析法，會把平穩期的後半解釋為「杯狀帶柄型態」

圖表1-26　務必檢查營業額與獲利的成長率

■ 近畿車輛的週K線圖

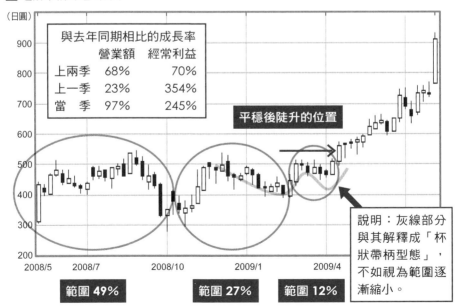

（cup-with-handle，由《笑傲股市》作者威廉・歐尼爾〔William J. O'Neil〕提出，他認為當股票出現一段升勢後，就會整理築底，營造杯狀帶柄型態；等到股價確定突破，就是飆漲的開始。），但我認為更好的理解方式，是把這裡看成三個平穩期，而且範圍愈來愈小。

相對地，圖表1-27就是基本面不優的例子。因經常利益連續兩季衰退，股價沒有理由上漲。看圖表1-27就知道，住生活集團的股價脫離平穩期後，只上漲了一天，就直接跳水（指股價迅速下滑，而且幅度很大，超過前一個交易日的最低價很多）了。

或許有人認為：「還要一一檢查每季業績，太麻煩了。」實際上，股價能夠創近年新高的標的，數量並不多，所以我認為再怎麼忙碌，這個檢查步驟千萬不能省略。

圖表1-27 基本面不夠優，股價不會飆漲

■ 住生活集團的週K線圖

與去年同期相比的成長率		
	營業額	經常利益
上兩季	27%	66%
上一季	24%	-12%
當 季	1%	-39%

根據我30年的投資經驗，最令人安心的選股方式，就是買在「平穩期後陡升」。過去很少有投資人發現，原來市場允許股票飆出前所未見的高價，而且還很容易分辨；但現在，只要精通「在股價突破近期新高時買進」這個投資模式，你就能從K線圖中找出飆股的長相；但唯有通過基本面檢驗的個股，才能往下一個步驟邁進。

投資小叮嚀

日本財報上的「經常利益」，是稅前純益扣掉企業所得稅、國民所得稅和營利所得稅後的金額，又稱為「繼續營業單位淨利」，實際上相當於台灣公司財報上的「稅後純益」；而日本財報上的「稅後純益」，則是經常利益再扣除非常損益、停業部門損益後的淨利。

第二章

三種巨大轉變，
讓企業變得很賺錢

1 搭上時代潮流的順風車

獲利重點：從過去的範例，看出未來的潮流。
重要度：★★★

　　不管在學界、體育界、商界或任何領域，比較容易獲得讚賞的，幾乎都是表現穩定、成績優秀的人，因為他們給人一種可信賴的感覺；但股市正好相反，表現穩定、成績優秀的企業，未必是好的投資標的，投資人不能因為「公司表現穩定」、「產品有品牌保證」而買進。好比豐田汽車是全球知名品牌，但這仍不足以構成我們購買這支股票的理由。

　　投資股票的重點，是企業獲利成長，而且必須是非常顯著的成長，這就是吉姆・羅傑斯告訴我的「巨大轉變」（Big Change）──選股時，我們看的是它將來還有沒有繼續茁壯發展的潛力。

　　例如本來吊車尾，卻逐漸進步、後來迎頭趕上其他競爭對手的公司，就是極具魅力的投資對象。以航空業來說，就像天馬航空。天馬在日本航空業雖然排名第三，營業額卻只有全日空的6%，幾乎沒有存在感。然而，當日本第一大航空公司日本航空破產時，受益最多的反而是天馬（當時上市的航空公司只有日航、全日空和天馬三家而已）。

　　日航停飛後，原本的航線被全日空和天馬接收，但因這兩家公司規模懸殊，所以相較之下，當然是天馬航空受益最多。請見圖表

2-1，日航於2010年1月破產，之後的三季，日航旅客數（以旅客里程數來計算）衰退了21％，天馬卻成長了6％。半年後，根據2010年6月期的財報，日航的營業額衰退了9％，天馬航空卻成長了18％。股價方面，天馬股價在7月創下新高，之後半年的股價更是飆漲三倍，相較之下，全日空幾乎沒有上漲。

圖表2-1	日航破產，天馬航空飆漲三倍

■ 天馬航空的月K線圖

	經常利益（百萬日圓）		營業額成長率	日航旅客數
	當年	去年		
2009年12月	255	-1,424	-3%	-16%
2010年3月	680	1,459	6%	-21%
2010年6月	964	-426	18%	-9%

說明：日航旅客數為旅客里程數。

創新高價

2010年1月，日航破產

全日空的股價幾乎不受影響

說明：K線圖是天馬航空的股價，曲線圖則是全日空的成長率。

企業發生巨大轉變的三大指標

本章重點是分析企業未來的基本面,但盡量不使用「基本面」這種說法,因為一聽到基本面,通常會直覺想到是分析財報數字,但本章會出現數字的地方非常少。

現代社會日新月異,每幾十年就會出現一次大變遷,而社會變遷會為不同的企業帶來巨大轉變,使得某些企業的獲利呈現飛躍式成長。分析基本面就是為了分析一家公司是否將產生巨大轉變,一家公司如果沒有發生巨大轉變,就不值得投資。

好比天馬航空的巨大轉變,是來自於日航破產。在航空產業景氣蕭條之際,日航破產了,對天馬航空來說卻是千載難逢的好機會。因此,一家公司的基本面,最重要的是看出有無巨大轉變,至於庫存是否減少、獲利率是否改善等細枝末節,根本不用理會。

想要學會分析巨大轉變,最快的捷徑是多看過去發生過的案例,這就像參加公務員的資格考要多看考古題,投資人多分析過去哪些企業發生過巨大轉變,就能找出脫胎換骨的明日之星,因此,請各位務必多練習分析過去的案例。

你可以先從公司提供的「投資人關係」(指上市公司與投資人之間的關係,上市企業多半設有投資人關係部門,負責企業與資本市場的溝通,包括舉辦法說會、統整發布公司重大資訊等等,這類公司的官網也大多設有「投資人關係」專門網頁)情報開始著手,因為公司如果發生巨大轉變,一定會向投資人說明,所以瀏覽各家企業的投資人關係情報非常重要。

如圖表2-2所示，公司產生巨大轉變的主要因素有三個：

1. 搭上時代潮流的順風車；

2. 獨占某個利基市場；

3. 受惠於政府政策。

接下來，我會在本章一一說明這三大指標，這些指標都表示社會潛藏著巨大轉變，唯有揭開這層面紗，才能比別人快一步看出飆股。本節會先說明搭上潮流順風車的公司，這是最典型的成長型股票模式。

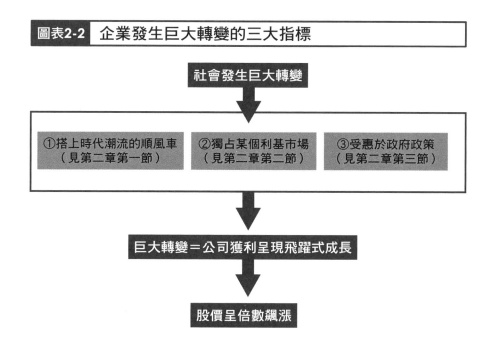

圖表2-2　企業發生巨大轉變的三大指標

社會發生巨大轉變

①搭上時代潮流的順風車（見第二章第一節）　②獨占某個利基市場（見第二章第二節）　③受惠於政府政策（見第二章第三節）

巨大轉變＝公司獲利呈現飛躍式成長

股價呈倍數飆漲

要投資時代潮流，而非一時熱潮

所謂時代潮流，是指一旦發生、條件確立，就不再輕易改變的社會現象。例如不管未來日本的經濟景氣好壞，人口結構高齡化都是無法避免的時代潮流，隨之而來的醫療費、藥品費增加，也是時代潮流的一部分。

時代潮流的極端對比，就是熱潮。例如服裝或飾品等商品、燒酒或蔬果汁等飲料，這些商品即使造成一時熱潮，總有一天也會消退，只是沒有人知道那是什麼時候。投資這類企業的股票，失敗率通常很高，千萬要小心。

舉例來說，日本曾經非常流行「豪宅婚禮」。過去新人舉辦婚宴都會選在婚宴會館或飯店餐廳，結果有業者想出新噱頭，乾脆出借獨棟豪宅一整天，而且一天只接受一組客人預定。這種方式不僅豪華氣派，還能悠閒地舉行自己喜歡的儀式或婚宴，才剛推出就立下不錯的口碑，博得很高的人氣。

不過，我以投資人的眼光來看，覺得這個行業有一個問題，就是單價太高了。出借一整棟豪宅、一次只限一組客人獨享大坪數面積，價格當然比飯店貴上許多。更令人質疑的是，在豪宅舉行婚禮，就能辦出有個人特色的結婚儀式嗎？

以我過去出席婚禮的經驗，令人印象較深刻的往往是新郎與新娘動人的誓詞，或是新郎的父親對失去雙親的新娘獻上溫暖的關懷等等，但絕不包括會場的豪華程度、裝潢、音樂或餐點，因此，我判斷豪宅婚禮只是一時熱潮。

我們來看這個行業中規模最大的TAKE AND GIVE. NEEDS公司

的股價（見圖表2-3），假設你一開始就買這支股票，並且賣在最高點，將可獲得20倍的報酬。搞不好有人還會懊惱，認為當初應該多買幾張才對，而且他們在2003年3月期至2007年3月期的業績表現不俗，營業額成長72%，稅後純益也成長了103%。

但它的股價最後還是下跌了99%，於2008年3月期產生大幅虧損。投資這檔股票真正的問題是：我們不知道熱潮何時會消退，說不定熱潮會在更早之前消退也說不定 。

圖表2-3 無法預測熱潮股會漲到哪裡、跌到哪裡

■ TAKE AND GIVE. NEEDS公司的股價走勢圖

說明：成長率是以2002年為基準的百分比變化率。

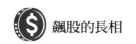

時代潮流和熱潮不同，它一旦出現，就會長時間存在。目前日本正在發生的時代潮流，大抵有三波：

1. 節能環保；
2. 降低成本的需求（包括企業與消費者）；
3. 中國等新興國家的崛起。

找出受惠於這幾波潮流的企業，就是我們投資的重點，以下我將針對這三波時代潮流舉例說明。

一、節能環保概念股

首先，投資人該如何尋找與環保相關的時代潮流股？環保是一股很強的趨勢，許多公司都針對環保提出經營方針，但如果環保本身不是該公司的事業基礎，就沒有投資的意義。

例如豐田汽車的環保節能車賣得很好，好到幾乎來不及生產出貨，但我們不能因為環保節能車賣得好，就買它的股票。因為豐田汽車整體事業的營業額及獲利，還是有很大的占比來自於傳統車種。不過，如果某家企業的營收與獲利主要來自於環保節能產品，就肯定還有很大的成長空間。

二手書店也符合環保概念。過去一提到二手書店，大部分人都會聯想到老闆坐在昏暗小店的深處、專心讀書的畫面，但 Book Off（見圖表2-4）打破了這種印象（Book Off 明亮的裝潢與店面規模，足以媲美大型連鎖書店），他們為消費者塑造一種新觀念：如果一

圖表2-4 搭上時代潮流，股價一年翻漲三倍

■ 二手書連鎖企業Book Off的週K線圖

（日圓）

2004年3月期～2006年3月期的
年均成長率
營業額成長11%　稅後純益成長23%

掛牌上市

上市後立刻形成平穩期
範圍30%

本書只讀一次，就沒必要買新書，買二手書只需新書八折以下的價格，而且讀完還能賣回給 Book Off，非常划算。

　　把書賣回給 Book Off 的價格雖然不高，但能讓消費者覺得「替這本書找到下一個主人」，對環保有所貢獻。這家書店的平均單價不到200日圓，而且據說賣書的人通常會順手再買一本。Book Off 剛掛牌上市就形成股價平穩期，至於範圍高達30%是因為它是新興企業的關係。

選飆股，要記得四個順序

　　我在第二章會列舉大量發生巨大轉變的範例，但在此之前，我

必須說清楚一個重要規則，請你一定要記住，判斷一支股票，要依
照以下的優先順序：

1. 是否發生巨大轉變？

2. 過去二～三季的業績（獲利＋營業額）如何？

3. 股價是否創下新高？

4. K線是否形成平穩期？

我的意思不是股票必須滿足這四個條件才能投資，事實上，很
少有股票能同時滿足這四個條件，但你必須按照上述的優先順序來
篩選股票，所以本書末的檢核表，也是依照這個順序設計的。

首先，確認「是否發生巨大轉變」最重要；再來是檢查近期業
績，其中獲利比營業額更重要；第三要看股價是否創下新高；第四
為判斷K線是否有「穩定後陡升」的形狀。

言歸正傳，在環保事業中，工業廢棄物的減量與有效的再利
用，是最具代表性的類別。過去處理工業廢棄物的做法，不外乎脫
水、乾燥、焚毀、中和、粉碎，然後掩埋，但大石公司的做法是從
廢棄物中提煉出重油與水泥原料，使廢棄物大幅減量。

以往許多不肖廠商為了節省成本，違法丟棄廢棄物，但隨著政
府相關單位的監督日趨嚴密，處理廢棄物的需求持續增加。

請見圖表2-5的下圖，大石公司2007年的股價雖然原地踏步，但
K線沒有形成平穩期（股價必須在2,000～2,400日圓的範圍內波動，
才能算是平穩期）。即使如此，它近期的業績幾乎符合條件，股價
也確實創下新高。既然它已滿足①②③的條件，沒道理不買。

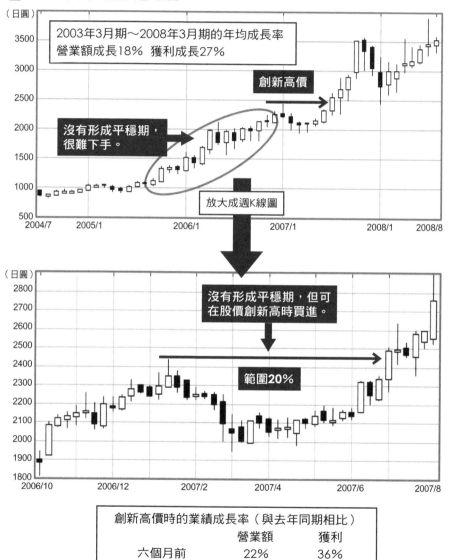

圖表2-5　創新環保技術，股價飆漲五倍

■ 大石公司的月K線圖與週K線圖

2003年3月期～2008年3月期的年均成長率
營業額成長18%　獲利成長27%

創新高價

沒有形成平穩期，
很難下手。

放大成週K線圖

沒有形成平穩期，但可
在股價創新高時買進。

範圍20%

創新高價時的業績成長率（與去年同期相比）

	營業額	獲利
六個月前	22%	36%
三個月前	22%	19%
當　季	20%	23%

接著，請看上一頁圖表2-5上圖紅色圈起來的部分，可以想見有投資人會選擇在這個時間點進場。大石公司在2005年～2006年間股價上漲了兩倍，這當中當然不會出現創新高價或形成平穩期；換句話說，它在這段時間雖然滿足了①和②的條件，但並未滿足③和④。雖然本書秉持著不符合技術分析就淘汰的原則，但重視基本面的投資人看到這樣的條件，大概都會買進吧。

我不是要求你一定要等到脫離平穩期、創新高價才能進場，我的意思是選在此時進場最容易成功。如果你買在2007年中創新高價的位置，一定能了解它的魅力。

不過，如果個股符合了②③④、卻不符合①的條件，最好不要買。此外，即使某支股票看得到創新高價、脫離平穩期，但近期二～三季的業績（尤其是最近三個月的業績）不好，也最好先別碰。

判斷條件的優先順序很重要，請大家一定要記住。

二、受惠於降低成本的需求

無論在任何時代，降低成本都是企業非常重要的課題，尤其**在經濟成長率低迷不振時，企業想要增加獲利，能否成功降低成本愈來愈重要了。**如同製造業為了降低成本，是以一日圓為單位來努力改善，零售業者對於降低成本也是絞盡腦汁、錙銖必較。

零售業的經營核心是決定要販售怎樣的產品、在哪裡販售、定價多少錢；也就是說，對零售業來說，最重要的業務是店面的地段、裝潢、產品採購、定價、掌握暢銷產品、陳列、顧客應對等等，至於

掌握庫存、架上商品、店內清潔等等，則是比較次要的業務。

「愛捷是」是日本市占率第一的專業盤點公司，日本八成以上的大型超市、連鎖超商都是他們的客戶，你只要看過一眼愛捷是員工盤點時的樣子，就會恍然大悟，零售業者讓自家員工進行盤點工作，是多愚蠢的一件事，因為付加班費請盤點門外漢的自家員工盤點，成本反而比外包給愛捷是還要高。於是，從1998年3月期到2008年3月期，愛捷是的營業額平均每年成長14％，經常利益成長27％，股價也飆漲了16倍。

零售業除了把盤點業務外包，物流業務外包的風氣也愈來愈盛。把物流交給協力廠商後，零售業者就不必花錢建立貨車車隊與物流中心，而且受託的業者不但提供運輸與保管的服務，連合理的庫存管理、收發訂單、分類、打包都能替客戶處理。

由於物流中心和貨車運輸是由同一業界的多位貨主共用，所以可以大幅降低成本。這類事業的代表企業之一，就是TRANCOM。請見下頁圖表2-6的下圖，TRANCOM的股價從2002年開始飆漲，起漲點的2002年，一年中就出現兩次平穩期。第一次的創新高價失敗（只突破平穩期高價，但未創近期新高價），投資人必須停損，如同我們在第一章第二節所說明的，有些人停損之後再也不敢投資同一支股票，但這樣往往會錯過最好的投資機會。

受益於零售業降低成本需求的，還有派遣業者。在日本家電連鎖龍頭澱橋 CAMERA 的門市，常可看見一些派遣業務員在向路人解說手機、數位相機等商品的功能。現代科技日新月異，產品的生命周期變得很短，在產品不斷推陳出新的情況下，零售店的店員根本來不及學習新產品的知識。

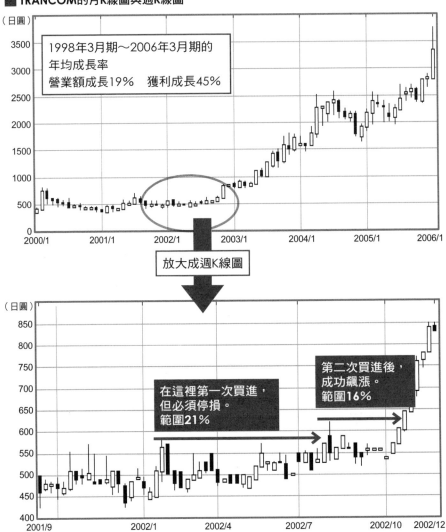

圖表2-6 受惠於降低成本需求，股價飆漲**30**倍

■ TRANCOM的月K線圖與週K線圖

1998年3月期～2006年3月期的
年均成長率
營業額成長19%　獲利成長45%

放大成週K線圖

在這裡第一次買進，
但必須停損。
範圍21%

第二次買進後，
成功飆漲。
範圍16%

　　Backs Group 是一家提供促銷派遣員的公司，他們會先在公司內部做好產品知識與推銷技巧的教育訓練，等接到電信業者或電器公司的委託後，再將業務員派送到各個零售門市執行業務，如此一來，零售業者就可以在不增加員工訓練成本的情況下進行促銷，製造商也可以不必自己養銷售員，真是一石二鳥的生意。

　　從2002年3月期～2006年3月期，Backs Group 的營業額成長了22％，經常利益年均成長58％，股價則是成長了100倍以上。

　　除了零售業想要省成本，消費者也是能省一塊錢是一塊錢。過去消費者要比價，得實際跑去每家店面查訪價格，但價格.COM出現後，消費者只要坐在家裡，就能瞬間比較各家的售價。

　　價格.COM平均每個月的瀏覽人次，高達八億次（統計到2012年5月底為止），這絕非擁有幾家門市的零售業者所能達到的集客數。請見下頁圖表2-7，儘管K線圖上的平穩期很少，只有2005年和2010年兩處而已，股價卻飆漲了六倍以上。

三、受惠於新興國家崛起

　　全球股市從2003年起齊步上漲，主因是新興國家崛起，其中尤以中國對全世界的經濟影響最大。

　　一個國家繁榮起來後，就開始會蓋高樓、建工廠、鋪馬路，中國也掀起一股營建熱潮，為了蓋大樓和工廠，對建築機械的需求迅速升高，據說全球所有的建築用起重機，現在有一半以上都是集中在上海。

　　日立建機的產品比中國的競爭對手價格貴上許多，即使是中

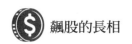

圖表2-7 受惠於消費者比價需求，股價飆漲六倍以上

■ 價格.COM的月K線圖與週K線圖

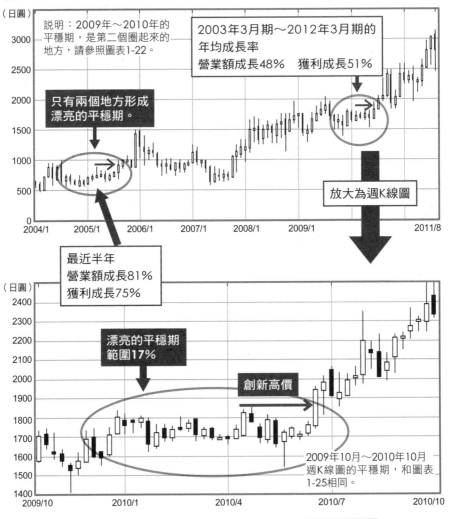

説明：2009年～2010年的平穩期，是第二個圈起來的地方，請參照圖表1-22。

2003年3月期～2012年3月期的年均成長率
營業額成長48% 獲利成長51%

只有兩個地方形成漂亮的平穩期。

放大為週K線圖

最近半年
營業額成長81%
獲利成長75%

漂亮的平穩期
範圍17%

創新高價

2009年10月～2010年10月
週K線圖的平穩期，和圖表1-25相同。

穩定後陡升時的業績成長率（與去年同期相比）		
	營業額	獲利
六個月前	29%	34%
三個月前	36%	52%
當　季	30%	32%

古貨也能賣上好價錢，但因為品質好，很受當地建築業者歡迎。從2001年到2007為止，日立建機的股價上漲了20倍，其競爭對手小松製作所（在日本重化工業器材製造公司中排名第一，世界排名則是第二）的股價也成長了12倍。

　　請見下頁圖表2-8，日立建機從2004年～2005年的平穩期中，出現了兩次買進訊號。第一次幾乎還往上漲時就出現賣出訊號（可見即使業績漂亮，還是可能出現創新高價後就下跌的情況），第二次的買進訊號就非常成功，雖然三個月前業績衰退了，但近期業績很不錯，再加上六個月前、九個月前的業績也很亮眼，綜合以上判斷，日立建機還是很有投資價值。

　　此外，受惠於中國纖維工業（指以染色、縫紉等經過加工的紡織品）的蓬勃發展，賣纖維相關機械給中國的公司，業績也蒸蒸日上，其中，津田駒工業的股價從2000年以來漲了12倍，縫紉機製造商 JUKI（全球市占率第一）股價也上漲了12倍，針織機製造商島精機也漲了4倍。

　　中國對鋼鐵的需求也大幅成長，國際鐵價因此上揚。新日本製鐵（日本鋼鐵龍頭之一）的股價因此漲了8倍，JFE 控股（也是日本鋼鐵龍頭）漲了7倍。中國及其他新興國家的崛起，除了導致國際鋼鐵價格大漲，石油、貴金屬、糧食作物等產品需求也大幅成長。日本經營石油、鐵礦石相關產業的綜合商社，如三菱商事和三井物產，股價都飆漲了5倍。

　　負責運輸原物料的海運業也因此受惠，股價全都創下歷史新高，如日本郵船公司（隸屬於三菱集團）飆漲4倍、商船三井（日本第一大海運公司，也是日本四家擠進《財富》雜誌500大企業的其中

| 圖表2-8 | 受惠於中國崛起，股價上漲20倍 |

■ 日立建機的月K線圖與週K線圖

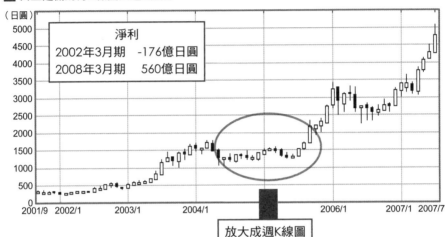

淨利
2002年3月期　-176億日圓
2008年3月期　　560億日圓

放大成週K線圖

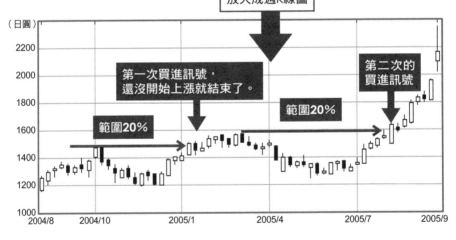

第一次買進訊號，
還沒開始上漲就結束了。

第二次的
買進訊號

範圍20%

範圍20%

範圍20%

平穩期後陡升的業績成長率 （與去年同期相比）		
	營業額	獲利
六個月前	19%	95%
三個月前	19%	61%
當　季	2%	72%

平穩期後陡升的業績成長率 （與去年同期相比）		
	營業額	獲利
九個月前	2%	72%
六個月前	17%	59%
三個月前	9%	-25%
當　季	11%	33%

一家）11倍、川崎汽船（日本前三大海運公司之一）12倍。

投資股票和去公司上班最大的不同之處，就是隨時都能趕上時代潮流。好比現在從事 IT 技術工作的人，一定會擔心自己的技術有一天可能會被市場淘汰。以現在潮流瞬息萬變的速度，「那一天」想必很快就會到來；屆時，這些技術人員不可能立刻換另一種工作，也不太可能很快就成為時尚設計師或基因醫療的研究人員。

但投資股票就沒有這方面的問題，我們隨時可以成為時下最流行產業公司的股東。當然，投資的目的不光是累積財富，若是單從累積財富的角度來比較職場工作和投資工作的話，目前任職的公司可能會突然倒閉，而投資隨時可以因應時代潮流，轉換另一間對自己最有利的公司投資。因此，在累積財富的方法中，投資股票的風險性相對來說低了很多。

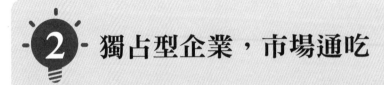

2 獨占型企業，市場通吃

獲利重點：即使不景氣，這種企業也能擴大市占率。
重要度：★★★

　　最不能投資的對象，就是像奧運金牌選手一樣號稱全國第一、世界第一的企業。只要是運動選手都想拿到金牌，但**選股時，投資人務必要避開業界第一名**。為什麼呢？你看奧運比賽，第一名和第二名的成績往往只差0.1秒，以經營事業的角度來看，如果第一名企業被第二名追得這麼緊，根本就沒有喘息的空間。

　　冷凍食品就是競爭激烈的典型產業，這個產業的第一名是日冷食品、第二名是日本菸草產業公司（JT，日本最大的菸草製造商，旗下亦經營冷凍食品業務）、第三名是丸羽日朗控股公司、第四名是味之素。這四家廠商勢均力敵，因此很容易會陷入削價競爭，超市也因此最喜歡用冷凍食品做特價促銷。

　　當第一大與第二大廠的市占率旗鼓相當，投資第一名未必比較有利。圖表2-9顯示，在日經平均指數低點（2003年4月）到最高點（2007年7月）之間，第一大廠的股價表現，並沒有比第二大廠來得更好。

　　在相同產業裡，無論公司規模大小，管銷費用等固定支出其實都差不多，市占率第二的大廠，因為營業額規模較小，在固定支出上當然會比第一大廠吃緊，可是一旦景氣回升、營業額規模擴大

圖表2-9	業界第二大，股價漲幅更高

■ 2003年～2007年大盤處於上升行情時的個股表現

第一大廠		第二大廠	
公司	股價漲幅	公司	股價漲幅
新日鐵	577%	住友金屬工業	1315%
三菱重工	215%	川崎重工	440%
佳能	53%	理光	59%
野村證券	111%	大和證券	212%
日本郵船	196%	商船三井	480%
NTTDoCoMo	-20%	KDDI	149%

說明：股價漲幅是計算日經指數平均低點（2003年4月）到最高點（2007年7月）之間的個股價差，所得到的數據。

後，第二大廠的固定支出占總成本的比例就會急速縮小，獲利成長率則會大幅上升。由於股價會跟隨獲利的成長率而波動，因此市占率第二大的廠商股價，反而會比第一大廠更有成長的空間。

選「第一」，不如選「唯一」

其實光有業界第一的稱號，還算不上是好股票，投資人真正該追求的，是擁有獨家技術或服務、能在競爭中獲得壓倒性勝利的公司。有句話說「選第一不如選唯一」，這是因為「第一」隨時都有被超越的危險，而「唯一」就沒有這種困擾了。當然，假如業界第一大公司是無人能敵的「格列佛企業」，那就另當別論了，因為再多的小人圍攻，也難敵格列佛的寡頭壟斷（格列佛是小說《格列佛遊記》主人翁，他曾造訪大人國與小人國等虛構的國家）。

舉例來說，可爾必思是「格列佛企業」（市占率第一），也是「唯一」（獨占市場）。通常食品專家提到這種飲料，多半會稱為「乳酸菌飲料」，可是一般民眾聽到「乳酸菌飲料」反而覺得陌生，對日本許多家庭來說，「可爾必思」已經成為所有「乳酸菌飲料」的代稱了。這表示「可爾必思」這個商品名稱的名氣，已經大大壓過它真正的名稱，這種案例在國內外都很常見。

不過，我們要找的不是「市占率第一＋唯一」，**在選擇獨占型（唯一）企業時有一個重點，就是市占率必須很低**，因為這種股票未來才會有很大的飆漲空間。以最典型的獨占事業電力公司來說，關西電力公司幾乎完全獨占了關西地區的用電市場，但正因為關西電力公司提供家庭和工業用電的比例幾乎已達100％，所以市占率已經沒有擴張的空間了。如果是在電力尚未普及每戶人家的發展中國家（如印度），電力公司或許還是值得投資的對象。

獨占型企業能冒出頭，代表背後潛藏著社會的巨大轉變。例如WORKMAN 這家公司專門販售工作服給在工廠、建築工地工作的工人，市占率雖然只有10％，但第二大廠連1％都沒有；WORKMAN也是市面上唯一一家工作服專賣店，而且產品豐富、價格便宜，店內裝潢又開朗明亮，所以它是獨占型企業。

過去，當白領、坐辦公室的上班族，是求職者嚮往的目標，但在這個公司隨時都會倒閉的年代，勞力與技術工作重新受到重視，在這樣的時代潮流下，WORKMAN 必然會逐漸成長。

不過，獨占型企業還是要搭上時代潮流的順風車，才有機會成長茁壯；因此，它的特徵是投資人很容易就能辨識出時代巨大轉變的軌跡。

獨占型企業大致分為以下三類：

1. 獨占某個利基市場；

2. 能提供同業望塵莫及的服務；

3. 擁有同業無法複製的展店能力。

你也可以說這是獨占型企業的三種特質。以下，我將針對這三種類別分別舉例說明。

一、獨占某個利基市場

大企業通常會投入市場規模較大的產業，因為他們有資本、人才、技術上的優勢，所以只要是他們認為會賺錢的產業，或是該領域可運用自家公司擅長的技術，就會想辦法打入市場。

例如三菱重工，他們產品就包含火力、核能發電、飛機、太空火箭、郵輪、堆高機、單軌電車、新式交通系統、廢棄物處理設施、汽車製造設備、印刷機械、工業機械、橋梁、排水設施、防止暖化、空調、國防等，非常多元。

除了空調設備這類民生商品，只要是跟大型機器相關的產業，三菱都想插上一腳。太空火箭和排水設施除了規模龐大這個共通點，技術上幾乎沒有關係；即使如此，像三菱重工這樣的大企業，還是希望可以打進這些市場。

相較之下，利基市場通常是大企業觸角未及的領域，在這些大企業耕耘不深的領域中，中型企業有很大的發揮空間。

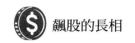

在日本，以往手套、工具、膠帶、零件等產品的銷售管道，向來是以業務員登門拜訪推銷為主流型態，其市場規模據說高達五兆日圓。第一個嘗試把這些產品放到網路上賣的，就是MonotaRO公司。這家公司販售的商品品項多達150萬種，而且能夠迅速宅配到府，這樣的優勢讓傳統業者毫無招架之力，再加上目前網路上並未出現其他競爭對手，而這塊市場的市占率連5％都不到，因此未來大有可為。

MonotaRO過去五年的營業額與經常利益，年均成長率分別是20％和43％。請見圖表2-10，它的平穩期非常漂亮。根據「穩定後陡升要立刻進場」的選股規則來看，近期的陡升高點就是買點。不過，如果你看的是它的週K線圖，可能會疑惑近期陡升的高點，應該是A點？還是B點？由於它的股價在陡升時漲幅非常高，使得A點和B點在同一天創新高價，這種情況在實際操作股票時經常發生，既然是在同一天，就不必煩惱進場時機了。

又例如以醫師為對象的專業醫療情報網站M3公司，在該市場幾乎維持著獨占的狀態，因此除了製藥公司，許多醫療相關企業都希望跟他們合作，而這些合作又進而增加該公司網站的點閱率，使得它的獨占地位更加穩固。

請見第82頁圖表2-11，M3公司三個月前的經常利益只有成長15％算是偏低，但除此之外，其他各季的業績都很不錯，仍是值得買進的股票。

圖表2-10 獨占利基市場，股價在4年間飆漲14倍

■ **MonotaRO的月K線圖與週K線圖**

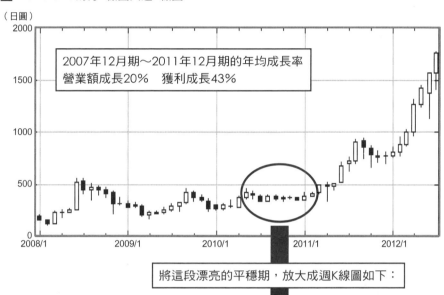

2007年12月期～2011年12月期的年均成長率
營業額成長20%　獲利成長43%

將這段漂亮的平穩期，放大成週K線圖如下：

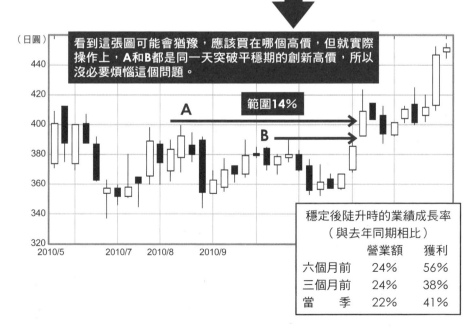

看到這張圖可能會猶豫，應該買在哪個高價，但就實際操作上，A和B都是同一天突破平穩期的創新高價，所以沒必要煩惱這個問題。

範圍14%

穩定後陡升時的業績成長率 （與去年同期相比）		
	營業額	獲利
六個月前	24%	56%
三個月前	24%	38%
當　季	22%	41%

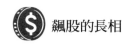

二、能提供同業望塵莫及的服務

　　製造業者購買生產設備之後，相同產品的數量生產愈多，就愈能壓低成本。其他業者進入這塊領域，也是以大量生產、降低成本為主要策略，導致市場上相同產品的價格不斷下殺，這就是家電產品會愈來愈便宜的原因。

　　相較於製造業，如果某個產業是以員工人數的成長為企業成長的關鍵，其他業者想要打進這塊市場，就沒那麼容易了。該領域的業者只要登上龍頭寶座，就會把第二名以後的企業遠遠甩在後頭。

圖表2-11　獨占專業醫療情報市場，股價在4年間飆漲4倍

■ M3公司的月K線圖股價

2009年3月期～2012年3月期的年均成長率
營業額成長31%　獲利成長23%

在穩定後陡升時買進

穩定後陡升時的業績成長率
（與去年同期相比）

	營業額	經常利益
九個月前	44%	27%
六個月前	63%	28%
三個月前	53%	15%
當　　季	25%	39%

　　例如管理大樓需要許多警衛、清掃人員等人力，簡單來說，管理十棟大樓所需成本，大約等同於管理一棟大樓成本的十倍。對製造業來說，只要市場需求夠高，他們巴不得快一點把產量提高十倍，但是對物業管理公司來說，一下子要多聘用十倍的勞工，雇用過程及教育訓練所耗費的成本，是十分驚人的。

　　換句話說，如果能在這一行做到龍頭地位，幾乎就穩操勝算，因為其他小公司在短時間內不可能追得上來。近年辦公大樓、醫院、學校、購物中心等大型設施都需要清掃及維護的服務，這些業務大多集中在大型的物業管理公司手上，而在日本，業界第一大的永旺永樂公司（AEON delight Co.）獨攬了整個物業管理市場。

　　永旺永樂公司是永旺集團（在中國大陸和香港以「佳世客」和「吉之島」之名營運，根據《財富》雜誌的全球500大企業，永旺集團是日本最大、也是世界第十大零售集團）的子公司，擁有永旺集團這個大客戶，它的先天條件就比別人強，並有機會逐漸累積該行所需的技術。

　　在這塊價值3兆日圓的大餅中，身為業界龍頭，市占率卻只有8％，而且它的營業額比第二大廠商高出3倍。直到2012年2月期為止，它的獲利已經連續8年成長。

　　請見下頁圖2-12，2006年，永旺永樂公司的月K線圖（上圖）沒有形成平穩期，但週K線圖（下圖）裡確實可以看到範圍稍大的平穩期。股價在大漲的前三週，幾乎都是在原地打轉，是非常典型的飆股型態。

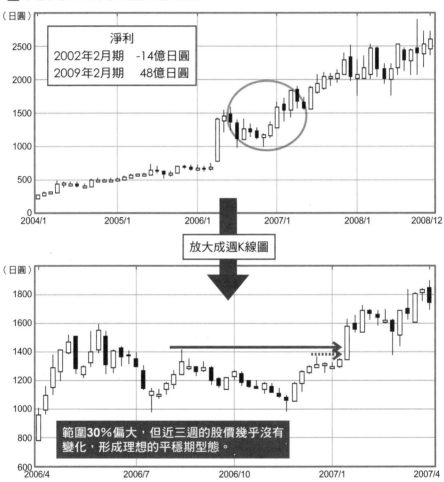

圖表2-12 獨占市場,股價在4年間飆漲23倍

■ 永旺永樂公司的月K線圖與週K線圖

淨利
2002年2月期　-14億日圓
2009年2月期　　48億日圓

放大成週K線圖

範圍30%偏大,但近三週的股價幾乎沒有變化,形成理想的平穩期型態。

穩定後陡升時的業績成長率(與去年同期相比)		
	營業額	獲利
九個月前	26%	114%
六個月前	5%	-13%
三個月前	109%	161%
當　　季	115%	138%

三、擁有同業無法複製的展店能力

零售業不像製造業，比較難以仰賴規模經濟來增加獲利，而且展店速度通常快不起來；另一方面，連鎖超市、超商、餐廳在全國展店後，往往會逐漸壓縮獨立商店（指獨立零售商只擁有一家零售店）的生存空間。因此，從另一個角度來看，現階段展店數仍偏低的連鎖企業，未來將大有可為。

ASAHI 是連鎖自行車專賣店。過去在日本，自行車大多在獨立商店販售，後來逐漸被量販店和家庭用品連鎖店取代，但量販店和家庭用品連鎖店對自行車畢竟是外行，他們不會修車，店員也無法提供顧客商品的專業知識（至少目前是這樣），因此，專業的 ASAHI 很容易搶奪市場。

目前 ASAHI 的市占率約15％，同業中沒有像 ASAHI 那麼專業的大公司，在品項齊全度方面也遠勝於一般的大賣場。由於目前沒有企業可以跟 ASAHI 匹敵，所以它已經成了獨占型企業。

ASAHI 股價從2005年12月掛牌上市，到2011年9月的高點為止，總共漲了2.6倍，或許有讀者認為：「才2.6倍，跟其他飆股比起來，一點也不稀奇。」但你只要想到這段時間的全球股市有多慘，就會知道這支股票的表現有多驚人了。

投資獨占型企業有個獨一無二的好處，那就是不管產業前景如何，獲利都能持續成長。以 ASAHI 為例，即使販賣自行車的整體行業銷售疲軟，但因為 ASAHI 是市面上唯一一家連鎖自行車專賣店，所以有很高的機率能繼續擴大市場。

一般而言，投資人此時最在意的，是未來消費者對自行車的需

求是否會增加。儘管環保熱潮對自行車的銷售有正面幫助,但由於現在經濟不景氣,我們也很難確定自行車的市場需求會不會再成長茁壯,因此無法判斷該不該投資這類股票——事實上,日本自行車的出貨數量,從1999年到2006年都是呈現負成長。

儘管自行車的整體產業連續7年都是負成長,但 ASAHI 從1999年～2006年的銷售量,卻逆勢成長了3.4倍,年均成長率高達19%,可見 ASAHI 不但不受景氣影響,還能搶奪競爭對手的市場、擴大市占率。

ASAHI 的財報截至2012年2月期為止,已經連續12季呈獲利成長;換句話說,我們可以直接跳過自行車的未來需求是否會成長這個問題,而直接投資這家公司——這就是投資獨占型企業最大的好處。

投資小叮嚀

目前台灣前三大自行車製造商分別是巨大(9921)、美利達(9914)與愛地雅(8933),主攻出口而非內需市場。雖然這三家公司在各地也有門市,但都只販售自家產品,與日本的ASAHI公司情況不同,因此在國內不算是獨占型企業。

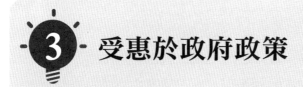

③ 受惠於政府政策

獲利重點：確認個股是否有「收益保證成長」的條件。
重要度：★★★

打開電視或報紙看財經新聞時，若說裡頭有什麼情報對投資最有用，那肯定是政府政策。從中期（指一～七年；一年以下為短期）來看，那些直接受惠於政府政策的個股，收益幾乎都保證會成長，這是投資人選股時最容易判斷的基準。

時代潮流有長期的、有短暫的；有強勢的、也有弱勢的，例如近幾年防止地球繼續暖化的話題很夯，並且已擴展到個人生活的層面，現在很多人都已經養成攜帶環保購物袋、隨手關燈等習慣，對於節能減碳的意識已大幅提升。

但環保節能如果只靠民眾建立良好習慣，很可能只是一波短暫的熱潮，也會隨著時間逐漸冷卻，如此一來，我們就無法判斷它能為企業帶來多少程度的獲利。

相對地，政府政策就實在多了。政策是政府將時代潮流變成明文規定的產物，也是政府為了滿足「防止地球繼續暖化」的社會需求，所提出的因應政策，例如明文規定限制二氧化碳的排放量等等；如此一來，「防止地球繼續暖化」就不會淪為一時的熱潮，因此，政府政策可說是時代潮流的最佳推手。

選股時，「政策概念股」最容易判斷能否進場，因為政府政策

與時代潮流不同，不必擔心在短時間內會突然轉向，因此受惠於政府政策的個股，有很高的機率發生巨大轉變。

而且，政策概念股不必遵守「飆股定理一」的篩選標準。我在第一章提過，如果一支股票最近二～三季營業額成長不到10％、獲利成長不到20％，就應該淘汰。這個選股條件是基於「業績沒成長，未來股價也不會成長」的股市定理；但政策概念股不必遵照這個規定，因為政府政策已經保證了需求確定會發生。

下面我會介紹幾個政策概念股的例子，第一個就是不需關注近期業績的典型案例：地震重建概念股。

日本營建股長期呈現低迷狀態，但2011年3月11日的一場大地震，讓它們從谷底翻身。即使地震重建工作已經進行了一年，福島、郡山這些周邊災區，都還有不少大樓等待修繕，那是因為相關業者手上都有滿滿的大工程訂單，忙到沒空去做大樓修繕這種小工程。

請見圖表2-13。Raito工業是典型的營建股，地震前的業績與去年同期相比，營業額衰退了13％，經常利益更是大減66％。地震發生後的第一季營業額成長了15％，經常利益則成長了99％；第二季營業額成長244％，經常利益成長200％；第三季營業額成長34％，經常利益成長110％（由於第一季和第二季的去年同期為赤字，所以這裡是以第二章第四節介紹的方法算出成長率，詳見第101頁～第102頁），而股價到2012年的高點為止，則比地震前高出一倍。

第二個例子是機車產業。五十鈴是一家汽車製造商，主力商品是商用車輛及柴油內燃機，在日本的小貨車市場市占率是第一，普通貨車則是市占率第二。由於柴油車的銷量不斷受到廢氣排放標準的影響，日本在1993、1997、2002和2005年都曾修訂廢氣排放標

圖表2-13 受惠於政府政策，獲利一定會成長

■ Raito工業的週K線圖

2011年3月期（地震前）
營業額　　-13%
經常利益　-66%

311大地震

15%
99%

44%
200%

34%
110%

説明：上面的數字是營業額成長率，下面的數字是經常利益成長率（與去年同期相比）。

準，而且日趨嚴格，國外也是一樣。其實這類規定對汽車大廠非常有利，例如2005年的新法規實施後，許多車種不能行駛特定路線，間接導致換車需求大增，結果五十鈴汽車的股價翻漲了23倍，如此亮眼的表現，是豐田汽車望塵莫及的。請看下頁圖表2-14，它在2004年就出現了非常標準的「穩定後陡升」的形狀。

也有些公司是受惠於國際公約的規定，例如中國塗料公司專門製作船舶用的塗料，全球市占率約為20%，排名世界第二。過去用於船舶的塗料都含有錫的成分，錫能防止藤壺（一種節肢動物）吸附船身，減少航行阻力，但錫已確定對環境有害，為此，2003年國

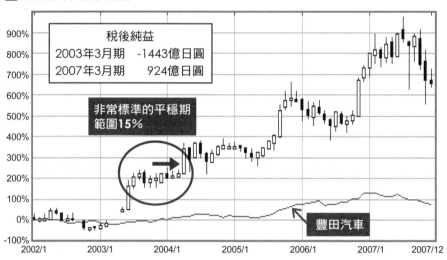

圖表2-14　廢氣排放標準變嚴，換車需求跟著提升

■ 五十鈴汽車的月K線圖

稅後純益
2003年3月期　-1443億日圓
2007年3月期　924億日圓

非常標準的平穩期
範圍15%

豐田汽車

説明：左側的百分比是以2002年1月為基準的漲跌幅變化率。

際公約規定了船舶只能使用不含錫的塗料。中國塗料公司從1992年開始製造非錫塗料產品，本身所擁有的技術大幅領先國外廠商，因此股價前後大約飆漲了九倍。

　　大同金屬是日本製造汽車軸承的大廠，該公司率先研發出世界首創不含鉛的軸承。這項開發符合世界的環保潮流，即盡量避免製造含鉛物品。歐盟本來打算在2005年開始實施含鉛量的規定標準，但因為歐洲企業應變不及，所以這項規定晚了三年實施。表面上看起來歐盟的延後實施對大同金屬不利，但這反而證明了該公司具有前瞻性，股價也飆漲了五倍。請見下頁圖表2-15，大同金屬在2004年出現了一道漂亮的平穩期。

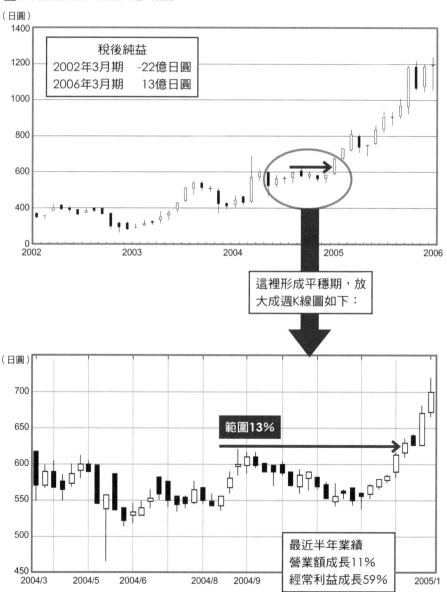

圖表2-15 受惠於國際含鉛量的規定，股價飆漲五倍

■ 大同金屬的月K線圖與週K線圖

（日圓）

稅後純益
2002年3月期　-22億日圓
2006年3月期　13億日圓

這裡形成平穩期，放
大成週K線圖如下：

（日圓）

範圍13%

最近半年業績
營業額成長11%
經常利益成長59%

觀察重點：政策會讓企業獲利？還是賠錢？

觀察政府政策概念股時，請注意以下兩個重點：

1. 政策是否對企業產生負面影響？

政府政策必須與企業的收益有直接、正面的相關性。例如政府開始推廣節能家電後，家電產品的銷售量便快速成長，尤其是液晶電視賣得特別好，但家電股並未因此大漲，因為當時正逢全球金融海嘯，松下、夏普、索尼等家電大廠，無一不是慘澹經營。

另外，當政策對企業產生不良影響，應立即賣出。例如當日本政府在2006年修改融資法規後，立刻衝擊消費金融業者（專營高利率的小額信貸）。請見圖表2-16，AIFUL 公司的股價在2006年高達10,000日圓，到了2010年竟然只剩下41日圓。而消費金融業第一大業者武富士公司，甚至在2010年申請破產。

2. 股價是否提前反應？

政府政策和時代潮流不同，一定會提前明文公布，因此有時政策正式實施的時間，恰好就是政策概念股的股價最高點。例如隨著日本進入高齡化社會，政府於2000年4月公布《照護保險法》，所以看護派遣需求增加，勢必成為時代趨勢。

其中，看護派遣的龍頭企業 Nichii Gakkan（見第94頁圖表2-17），在1998年的股價只有1,000日圓，之後不過一年多的時間，就飆漲到8,000日圓。

由於 Nichii Gakkan 公司將安養機構拓展至全日本各地，導致初

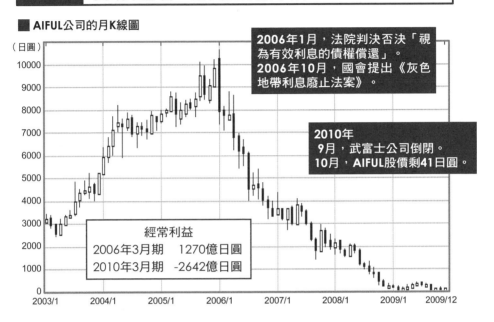

圖表2-16　受政策影響，消費金融股暴跌

■ AIFUL公司的月K線圖

> 2006年1月，法院判決否決「視為有效利息的債權償還」。
> 2006年10月，國會提出《灰色地帶利息廢止法案》。

> 2010年
> 9月，武富士公司倒閉。
> 10月，AIFUL股價剩41日圓。

> 經常利益
> 2006年3月期　1270億日圓
> 2010年3月期　-2642億日圓

説明：「視為有效利息的債權償還」指將超過法定利息上限的利息，視為合法的例外規定。根據舊法規，如果債務人自願支付超過法定上限的利息，事後不能要求債權人歸還。日本的最高法院否決了這項規定，對消費金融業者造成極大的衝擊。

期成本大增，2001年3月期的獲利轉為赤字。投資人很早就察覺事態不妙，所以股價在《照護保險法》實施之前就達到高點，之後暴跌了96％。如果 Nichii Gakkan 公司能按部就班地擴大經營，股價可能不會這麼快就達到高點，而下跌的幅度也會小很多。

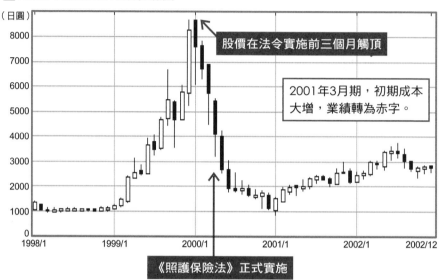

圖表2-17　投資人要注意股價是否已提前反應

■ Nichii Gakkan公司的月K線圖

股價在法令實施前三個月觸頂

2001年3月期，初期成本大增，業績轉為赤字。

《照護保險法》正式實施

擴大思考「政策概念股」

　　其實關於政策概念股，我們可以做更廣義的思考。因為政府的一舉一動，很難不影響民間企業；同理，大型企業的動向，也會左右中小型企業的獲利表現。例如麥當勞第一次在美國推出麥克雞塊時，雞肉行情大漲，相關業者的股票也都雨露均霑，因為麥當勞的雞肉採購量非常驚人。

　　當中小型企業與大企業談成某一筆大生意時，也能視為一種政策概念股。例如 ARGO GRAPHICS 公司接下豐田汽車的CAD／

CAM系統（Computer aided design/manufacturing，電腦的輔助設計與製造）生意時，股價就大幅飆漲。其實 ARGO GRAPHICS 公司從來就是專門替汽車公司建造 CAD／CAM 系統的大廠，只是從來沒接過像豐田汽車這麼大企業的客戶訂單。豐田汽車正好要升級系統版本，又剛好找上了他們，對這家公司來說真的是千載難逢的好機會。 ARGO GRAPHICS 公司的獲利從2002年3月期～2005年3月期之間，年均成長率為20％，股價則飆漲了大約六倍。

我在第二章開頭介紹的天馬航空，其實也算是廣義的政策概念股，因為它一口氣接收了日航大量的航線與客戶。

政策概念股比起時代潮流股，更容易預測一定期間內的需求，相較於獨占型企業與時代潮流股來說，風險較低；但即使如此，你還是要謹慎判斷政府政策是否和個別企業的收益直接相關，否則不是股價漲不上去，就是提早觸頂轉跌。投資人購買政策概念股時，請先判斷該政策是否會長期、正向地影響企業收益。

 轉虧為盈的企業，飆漲機率高

獲利重點：轉虧為盈的成長幅度，與一般成長率的算法不同。
重要度：★★☆

　　基本上，公司獲利成長幅度愈大，股價愈容易上漲，這幾乎已經成了股市常識。例如獲利成長15％的公司，股價一定比成長5％的公司更容易上漲；但若是公司轉虧為盈、連續出現盈餘，或是有穩定的獲利來源，將更有機會出現股價飆漲的情況。

　　事實上，轉虧為盈的公司，其股價大多會在轉虧為盈之際飆漲。例如，比起從去年虧損30億日圓，降到今年只虧損15億日圓，與從去年虧損10億日圓轉為今年獲利5億日圓，後者為股價帶來的正面影響肯定大得多，因為光是虧損數字變小，還不足以讓投資人對企業的未來展望產生信心。

　　對公司來說，轉虧為盈是一個巨大轉變。因為投資人對企業的普遍期待是：「唯有收益表現好，才能證明企業的價值」。所以，當企業財報出現盈餘，就是它對投資人有益的最好證明。

　　要找出轉虧為盈的公司很簡單，因為媒體一定會報導，《公司四季報》也會清楚載明；換句話說，企業會設法告訴投資大眾「我們轉虧為盈了」，投資人可以省下自己調查的時間。因此，轉虧為盈的公司不但股價飆漲的機率高、又容易辨識，對投資人來說，真是「天上掉下來的禮物」。

同樣的道理也能套用在業績回升的個股。當一家公司的獲利衰退到原本的一半不到，股價一定會大跌，但如果它能迅速恢復原有的獲利水準，那麼股價上升的幅度，絕對不亞於轉虧為盈的公司。

轉虧為盈的企業，買點會出現在低水位

「轉虧為盈」與「業績回升」這兩種股票的投資方式，和我先前介紹的投資方法有何不同？最大的差異就在K線圖的「漲」相。這兩種股票的股價，都在行情低迷的時候起漲，因此新高價會出現在K線圖的低水位位置。

例如 Megane Top 公司（主要銷售眼鏡、隱形眼鏡、助聽器等商品），其股價在2006年創下新高（代表投資人能進場了），但如果從2002年開始看，這個高點只能算是波動範圍中的一個低點（見下頁圖表2-18）。

可能有人會想：「買在低點不是很好嗎？」但我們得承認一個事實：正因為多數投資人選擇不買這支股票，它的股價才會維持在低檔，所以投資人在評估這類公司的未來獲利成長性時，必須比評估成長型股票更加謹慎。

圖表2-18的 Megane Top 公司在2000年左右，經常利益成長到逼近20億日圓，但隨著眼鏡市場的競爭愈來愈激烈，它的經常利益從2003年的10.9億日圓，衰退到2004年的5.8億日圓，隔年（2005年）的經常利益也只有6.0億日圓。

於是，Megane Top 公司痛下決心，進行改革，它捨棄舊的品牌名稱Megane Top，重新創立新品牌「眼鏡市場」，這就像麥當勞決定

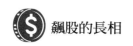

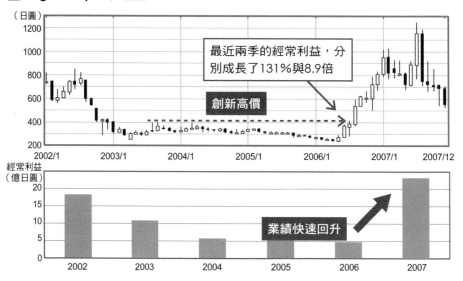

圖表2-18 轉虧為盈後,股價從400漲到1,200日圓!

■Megane Top的月K線圖

最近兩季的經常利益,分別成長了131%與8.9倍

創新高價

經常利益
(億日圓)

業績快速回升

說明:經常利益的決算年度,2002年和2003年是8月期,其餘為3月期。此圖表乃根據該公司資料所製成。

換一個商店名稱繼續賣漢堡一樣,是非常重大的決策。Megane Top先進行公司內部的組織改造,然後在新門市裡打出鏡片連框只要18,900日圓的低價,它和競爭對手最大的不同之處在於,無論是薄鏡或遠近兩用的鏡片,定價都一樣。

Megane Top公司在2006年3月期的全期業績,和去年相比雖然還是衰退,但已經中止了前半年的虧損,後半年業績開始回升。它的單季經常利益成長率,在2005年10月期~12月期成長了131%(財報

於2006年2月發布），2006年1月期～3月期成長了8.9倍（財報於2006年5月發布）。這次的財報公布兩個月後，股價於2006年7月立刻創新高，隔年（2007年）3月，它的經常利益上升到23億日圓。

關鍵是：找出企業獲利的本質

　　如何確定一家公司在進行改革後，其成果會反映在獲利上？關鍵在於掌握公司的本質變化，也就是公司之前虧損的原因，是否跟公司核心的獲利能力有關。

　　請見下頁圖表2-19，例如日本車輛製造公司（為日本特種車輛生產的廠商，產品包括鐵路車輛、工程車輛、橋梁建造等，台灣的台鐵、高鐵與捷運系統部分車輛，也是委由日本車輛製造公司製造），由於鐵礦石等原物料價格上漲，2007年3月期的財報出現虧損，但日本車輛製造公司在本質上，其實非常具有成長力。

　　怎麼說呢？首先，在全球所有的先進國家中，沒有任何一個國家像日本的鐵路這麼發達。日本早在工業化尚未普及的明治30年（1897年），東海道本線就開通到神戶，鐵路的歷史相當悠久；其次，日本鐵路系統發生事故的頻率極低，這一點也是享譽國際。

　　如今新興國家的公路交通壅塞情況都非常嚴重，這些國家無不傾力建設鐵路，再加上日本的新幹線技術受到全球青睞，在這種條件下，投資人可以期待日本車輛製造公司，將會持續接到亞洲各國的訂單，原物料上漲所造成的虧損，只是一時的現象。

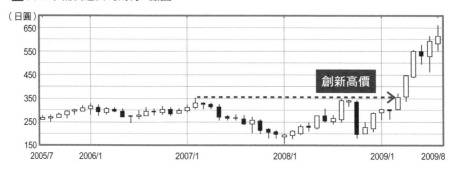

圖表2-19　轉虧為盈後，股價從350漲到650日圓！

■ 日本車輛製造公司的月K線圖

（日圓）

創新高價

2005/7　2006/1　2007/1　2008/1　2009/1　2009/8

經常利益				
		獲利	一年前	成長率
2008年3月	第四季	978	1,095	-11%
2008年6月	第一季	-52	-439	158%
2008年9月	第二季	281	-2,58	200%
2008年12月	第三季	1,509	-139	200%

創新高價前
的業績

説明：業績乃根據該公司資料計算，單位為百萬日圓。

算出轉虧為盈的成長幅度

Megane Top 公司和日本車輛製造公司在創新高價時，並沒有形成平穩期，光看K線圖很難買下手，但這兩家公司基本面的表現魅力十足，因此，如果你在媒體上看到某家公司轉虧為盈，切記不要只看K線圖，還要好好研究該公司財報，並找出它能轉虧為盈的原因。

不過，投資人在分析時常常會碰到技術性的問題。例如某家公司去年虧損10億，那麼無論今年是獲利1億還是20億，在分析上也只

能說它「轉虧為盈」。即使明明後者的成長幅度較高，卻無法用數字表示。

為了方便投資人做判斷，我在這裡介紹大家一個涵蓋負值的簡單計算方式，這個算式的目的不是算出正確的成長幅度，而是要用來快速判斷能否買進該支股票，而且這種算法在證券業早就廣為流傳，在投資上非常好用。

這個公式的邏輯是：拿去年到今年的成長數字當分子，再用今年和去年的平均值當分母。計算方式如下：

涵蓋負值的成長率計算式

$$成長率(\%) = \frac{（今年獲利－去年獲利）}{（|今年獲利|＋|去年獲利|）\times 0.5} \times 100$$

說明：｜｜代表絕對值。

我們以圖表2-19的第一季為例，計算其成長率：

$$\frac{-52－（-439）}{（|-52|＋|-439|）\times 0.5} \times 100 = 158（\%）$$

用這個算式計算，答案一定會落在-200％到+200％之間，對於喜歡精準答案的人來說或許很難接受，但在投資的世界中，當一家公司的獲利成長超過200％，對於股價的影響，其實和獲利成長300％或400％來說，已經沒有太大的差異了。

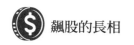

此外，運用這個算式，當一家公司的獲利成長率太小，算出來的結果會和傳統的計算方法（見下面公式）差不多。

傳統的成長率計算式

$$成長率（\%）＝ \frac{（今年獲利－去年獲利）}{去年獲利} ×100$$

以圖表2-19的第四季為例，用傳統算法計算，成長率為-10.7%（算式為：〔978－1095〕÷1095×100），而以我介紹的算式計算的話，結果是-11.3%（算式為：〔978－1095〕÷〔978＋1095〕×0.5×100），兩者四捨五入後都是-11%。

在做投資決定時，你只有「買或不買」這兩種選項，太執著於細部差異，可能會誤導自己做出錯誤的選擇。以學校成績來說，考73分和考77分，都會被列為乙等或B級。

同樣地，獲利成長7.3%的公司和成長7.7%的公司，以投資的眼光來看，後者不見得比前者更好。投資人看獲利成長率必須以5%為一個區間，比如說5%～10%、10%～15%、15%～20%，只要落在同一個區間，就視為成長力相同。建議大家盡量用概略的方式看數字，才不會誤判大局。

第三章

小心！
四種誘人的假飆股

①- 別買業界裡的「獨行狼」

獲利重點：早同業一步創新高價，不是好消息。

重要度：★★☆

本章要帶領讀者看典型的假飆股，這類股票看起來有飆股的長相，容易讓投資人上當，具體來說，分成以下四種：

1. **獨行狼**：同類股都下跌，只有該公司先漲上去。
2. **落後補漲**：同類股都上漲了，只有該公司股價落後上漲。
3. **公司重整**：公司以裁員等手段，來挽救財報獲利。
4. **公司購併**：公司發布購併另一家公司的消息。

以上這四類股票最好不要買，尤其是「獨行狼」的K線看起來很有「漲相」，千萬不要上當。至於「落後補漲」、「公司重整」、「公司購併」的股票，股票分析師們都會對它們做出正面、看好的評論，我希望各位禁得起誘惑。

看中一檔股票，要和同類股先比較

本節會先介紹「獨行狼」股票。在日本街頭很常見到一句交通標語：「綠燈了，還是要看看左右再通行。」這句話用在投資上同

樣有效。例如，你看見某檔股票的股價創下新高，而且無論從基本面還是技術面來看，它都達到了飆股的條件，這就是出現「綠燈」的訊號——不過，請別急著買進，你應該先「注意左右來車」。

股市裡的「注意左右來車」，就是檢查這檔股票的同類股動向。如果同類股沒有朝創新高價的方向上漲，就要特別注意，因為你鎖定的股票，很可能是脫離群體行動的獨行狼。

同一個行業內的上市公司，股價波動會非常類似。下頁圖表3-1記錄了幾家具代表性的綜合商社（指經營項目橫跨多種產業的集團，例如伊藤忠商事的經營項目就橫跨纖維、石化、金屬、電機、食品、通訊、媒體、航太、物流、金融、保險、不動產等領域，旗下共有8家子公司、18家關係企業），從2003年4月～2008年3月的股價變動。其中股價上漲最多的是伊藤忠商事，5年間共上漲了5.6倍。股價上漲幅度最小的則是住友商事（簡稱住商，是住友集團旗下的綜合貿易公司），但5年間也漲了4.6倍。三井物產和三菱商事（日本最大的綜合商社）的表現，則為中等。

看完股價，我們來看看這四家公司的獲利表現如何。一樣請見下頁圖表3-1，在2003年3月期～2008年3月期，這四家公司的稅後純益成長幅度，最大的是三井物產（12.2倍），最小的是住友商事（2.6倍），伊藤忠商事是9.8倍，三菱商事是6.6倍。

這四家公司的獲利差距很大，K線的走勢卻相差無幾，而且股價漲幅最高的伊藤忠商事，並非是獲利成長最多的一檔股票，而且三井物產和三菱商事的獲利成長幅度差了一倍，股價的成長幅度卻差不多。由此可見，這些數字沒有太大的意義，當你在看中一檔股票時，務必與同產業的個股一起比較。

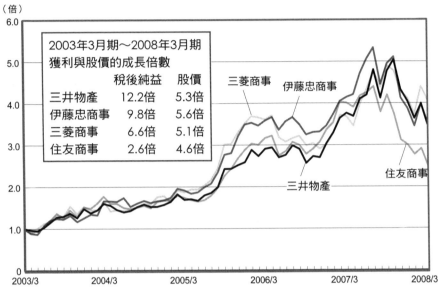

圖表3-1　無論獲利差距多大，同類股的走勢都很相近

■ 日本四大綜合商社的股價走勢圖

（倍）

2003年3月期～2008年3月期
獲利與股價的成長倍數

	稅後純益	股價
三井物產	12.2倍	5.3倍
伊藤忠商事	9.8倍	5.6倍
三菱商事	6.6倍	5.1倍
住友商事	2.6倍	4.6倍

三菱商事　伊藤忠商事

三井物產

住友商事

說明：左側數值是以2003年4月的股價為基準，計算最高價的成長倍數。

同類股幾乎都會同時創新高價

　　同類股除了走勢相近，也幾乎會同時創新高價。請見圖表3-2，
這張圖表所列舉的個股都是海運公司，11家公司中有7家在2003年5
月～8月之間創新高價，而且每家公司突破史上最高價的時間，都出
現在2007年。

　　海運類股和圖表3-1的四家綜合商社相比，股價的成長倍數落差
更大，這是因為它們的獲利落差實在很大。像乾汽船（成長35倍）

圖表3-2　同類股幾乎都會同時創新高價

公司名稱	創新高價時間	股價成長倍數	獲利成長倍數
玉井商船	2002年4月	10	轉虧為盈
飯野海運	2002年8月	9	5.2
川崎汽船	2003年2月	7	5.3
共榮油輪	2003年5月	5	0.3
太平洋海運	2003年6月	7	0.2
明治海運	2003年6月	8	1.5
乾汽船	2003年6月	35	轉虧為盈
第一中央汽船	2003年6月	15	轉虧為盈
商船三井	2003年8月	5	9.0
新和海運	2003年8月	10	9.6
日本郵船	2003年9月	3	3.9

11家公司，有7家創新高價的時間，集中在5月～8月。

說明：獲利的成長倍數是指2003年3月期～2008年3月期的經常利益成長。關於用紅圈標示的三家公司，將在第三章第二節中詳細解說。

和第一中央汽船（成長15倍），這兩家公司是因為轉虧為盈，造成了股價暴漲；而共榮油輪（成長5倍）和太平洋海運（成長7倍）獲利成長太低，股價飆漲的幅度當然偏低。

不過，我的意思並非指「只要同類股上漲，看中的股票就算獲利差也可以買」。同類股處於上升行情，代表這是好的買點，就像「大家一起過馬路就不用怕」，但是當紅燈（獲利惡化）亮起時，還是不能硬著頭皮通過。獲利惡化的股票，在同類股票都上漲時，很可能會跟著上漲，但只要那個行業的景氣變差，它肯定是投資人第一個出脫的對象。當同類股全面上漲，業績好的股票漲幅會更驚人，所以要投資的話，就應該投資這樣的股票。

獨行狼的創新高價,只是曇花一現

　　千萬不要買股票裡的獨行狼。在相同產業的個股中,一定會有一支股票比其他股票更早冒出頭,這種股票就是獨行狼。投資的重點不是把所有看起來有「漲相」的股票全都買下來,而是有效率地找出上漲機率最高的股票,增加投資的勝率。

　　圖表3-3就是獨行狼的範例。2008年9月,大發工業的股價突破了兩年前2006年1月的史上最高價(紅色圈起來之處);以2005年6月時的股價為基準,則大發工業在創新高價時,股價已經飆漲了1.7

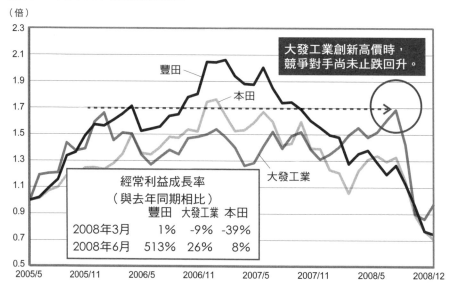

| 圖表3-3 | 獨行狼的創新高價,只是曇花一現 |

■ 日本三大汽車公司的股價走勢圖

説明:左側數值是以2005年5月底的股價為基準,計算2008年12月底最高價的成長倍數。

倍；在此同時，豐田和本田這兩家競爭對手，股價卻正在走跌。由此可見，在這三家汽車公司裡，大發工業是獨行狼。

我們再來看獲利。大發工業在2008年4月期～6月期的經常利益，與去年同期相比成長了26％，成績相當不賴，問題是上一季的經常利益是-9％，成績不太好。豐田也一樣，近期一季的業績大幅成長，但上一季就原地踏步。本田就更糟了，兩季的業績都表現不佳。因此從獲利來看，大發工業仍然是不適合買進的股票。

即使把大發工業長時間進入平穩期這點納入考量，由於範圍高達37％，投資風險太大了。事實上，大發工業在2008年突破史上最高價的時間只有短短三天，之後馬上就暴跌了。

擴大思考同類股的概念

最後，我還會把「同類股」的定義，延伸得比「相同產業」更廣，只要是有某些共通點、可以互相比較的個股，我都會視為同類股，拿來分析比較。例如同樣受惠於日幣升值（或貶值）的公司，或是同時掛牌上市的新興企業。目前日本的上市櫃公司約有四千家左右（台灣在2013年為1,448家），即使是專業的投資人，也很難做到一一詳細分析。因此，我會把發展趨勢相似或承受相同風險的企業，視為同類股來分析比較。

比方說，烏龍麵連鎖餐廳和居酒屋連鎖餐廳，獲利的趨勢通常剛好相反。景氣差的時候，烏龍麵餐廳的獲利會變好，居酒屋的獲利則會變差。即使如此，我還是會把這兩種公司視為同類股，因為它們都是外食產業。

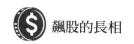

　　從圖表3-4可以看到，東利多（烏龍麵店）與和民（居酒屋）這兩家外食連鎖業者，在2008年11月同時脫離平穩期、股價大漲，光憑這一點就能證明它們可視為同類股。

　　股市裡其實不常出現獨行狼。當你發現疑似獨行狼的股票，可以找找同時期是否有急速成長的新興企業，那或許就是它的同類。

　　其實尋找同類股，還有一個更重要的意義：這麼做能讓我們不光找出創新高價的個股，還能在尋找性質相近股票的過程中，意識到市場的整體變化，讓我們得以用俯瞰的角度，理解在哪些領域、哪些股票比較會受到市場青睞。這是投資人了解股市的整體動向時，不可或缺的一環。

圖表3-4 居酒屋和烏龍麵店，也能視為同類股來做比較

■ 東利多與和民的股價走勢圖

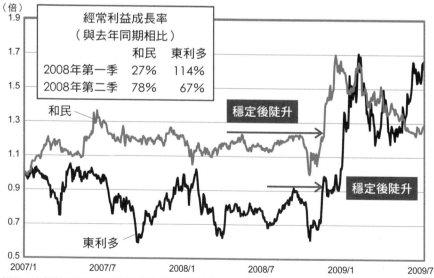

說明：左側數值是以2007年股價為基準計算的倍數。

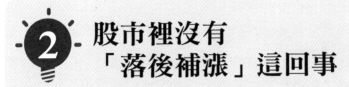

2 股市裡沒有 「落後補漲」這回事

獲利重點：落後未必補漲，祕訣是檢查有無「獲利不佳」這個
致命傷。

重要度：★★☆

我們常聽電視上的財經名嘴說：「很多投資人看上這支股票，
就是看準了它會落後補漲。」他們要表達的意思是：漲是會漲，但
時間會比別支股票慢。

漲幅落後的股票，真的會補漲嗎？我們先來定義什麼是「落後
補漲」：在一段特定的時間內，如果A公司股價漲幅為100％，但相
同產業的B公司卻只漲了30％，那麼B公司就有機會落後補漲。所
以，「落後補漲」的選股策略就是判斷B公司之後會補漲70％，而搶
先一步投資。

實際操作股票時，假如這個策略真的有效，那麼人人都能輕鬆
賺大錢了。你仔細思考後，就會發現這個策略有個致命缺點：除非
大多數的投資人都察覺到它只漲了30％而買進，否則B公司的股價未
必能補漲。真正聰明的投資人會倒過來想——某檔股票的漲幅會落
後，背後肯定有什麼原因。

落後會不會補漲？看獲利就知道

請見圖表3-5，KDDI 和 NTT 是日本的兩家電信公司，這兩家公司的股價表現，在網路泡沫破裂的2001年底以前差異不大，到了2002年2月，這兩家電信公司還一起觸底反彈，不過，之後的表現就天差地遠了。

KDDI 從谷底反彈到2007年5月的高點為止，共飆漲了4.3倍；而NTT 到2007年2月高點為止，只漲了1.8倍。以獲利來看，從2002年

圖表3-5　**落後補漲，很可能是獲利出了問題**

■ **KDDI 和 NTT**的股價變化走勢圖

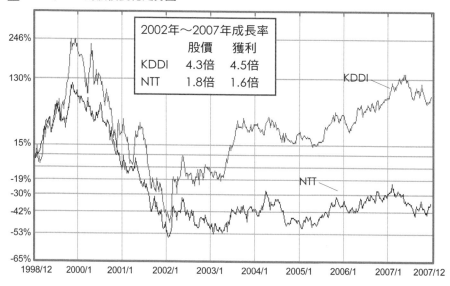

説明：「獲利」是指從2002年3月期～2007年3月期為止的經常利益成長率。股價折線圖的數值
　　　是以1998年底的股價為基準計算變化率。

到2007年，KDDI 的經常利益成長了4.5倍，NTT 則成長了1.6倍。就是因為兩者的獲利差這麼多，股價的表現才會這麼懸殊。

上一節我們提到的獨行狼，是同業還沒漲就先行上漲；落後補漲的情況剛好相反，是除了自己以外，其他同類股都上漲了。這兩種特立獨行的股票，在股市裡都不怎麼受歡迎；因為不受投資人青睞，所以無法凝聚買氣。

我以海運業為例來解釋。海運業從2003年起就是日本股市的熱門類股，在上一節的圖表3-2（見第107頁）中，最晚創新高價的海運公司是日本郵船。然而，根據2003年3月期的財報，日本郵船的經常利益高居同業之冠，占11家海運公司經常利益總額的45％。儘管獲利表現亮眼，但日本郵船的股價到觸頂為止，只漲了3倍，在11家海運公司中股價表現最差，創新高價的時間也最晚。

這背後一定有什麼原因可循，具體來說就是：市場認為它的未來獲利成長空間不大，而事實也是如此。

日本郵船在2003年3月期～2008年3月期，經常利益成長了3.9倍，跟同屬前三大海運公司的商船三井（9.0倍）與川崎汽船（5.3倍）一比，馬上相形見絀。到了2008年3月期的經常利益，日本郵船已經被商船三井超越，占11家海運公司經常利益總額的比例，也衰退到28％。

由此可見，市場不看好日本郵船的未來獲利是正確的，投資人之所以這麼推論，是因為不定期船運（指海運中無固定航線與船期的業務，運費通常比定期船運便宜）的運費漲到歷史新高，因此推測不定期船業務比重較高的商船三井和川崎汽船，獲利可望持續攀升。

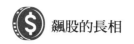

「後來居上」者極少，落後就是落後

接下來，我們來看汽車產業。根據圖表3-6，漲幅落後最大的三家公司，是最下方的本田汽車、富士重工業（其汽車品牌為SUBARU，台灣譯為速霸陸）與三菱汽車。在這三家汽車大廠中，創新高價時吊車尾的是本田汽車，但它到觸頂為止也漲了79％。

或許有人事後看這支股票，會認為「不買落後補漲的股票」這條規則未必正確，但請大家看2003年3月期～2008年3月期的經常利益，本田汽車的成長幅度只有47％，雖然不是業界最後一名，但也絕對稱不上是好成績，可見比同業晚創新高價，一定有它的道理。

此外，其餘兩家落後幅度較大的公司，背後也暗藏著深層的問

圖表3-6　落後不補漲，獲利通常不佳

公司名稱	創新高價時間	股價上漲幅度	經常利益（億日圓）		成長率
			2003年3月期	2008年3月期	
日產汽車	2003年6月	50%	7,101	7,664	8%
山葉發動機	2003年7月	263%	672	1,403	109%
鈴木汽車	2003年9月	117%	792	1,569	98%
日野汽車	2003年10月	47%	166	410	147%
馬自達	2004年2月	156%	407	1,485	265%
豐田汽車	2004年3月	113%	12,267	24,372	99%
大發工業	2004年3月	135%	195	666	241%
五十鈴汽車	2004年4月	219%	-42	1,223	轉虧為盈
本田汽車	2004年9月	79%	6,098	8,958	47%
富士重工業	2005年10月	19%	586	454	-22%
三菱汽車	2005年11月	4%	543	857	58%

題。請見圖表3-7，富士重工業於2005年10月創新高價，但之後半年也只漲了19％；另外，三菱汽車於2005年11月創新高價，但之後卻只漲了4％。兩者的價格雖然都突破近年新高，但平穩期範圍實在太大。

從它們的獲利表現，我們可以更清楚它們落後卻不補漲的原因。富士重工業從2003年3月期到2008年3月期，獲利衰退了22％，是同業裡唯一出現衰退的公司；三菱汽車從2004年3月期後，更是連續三年大幅虧損；這些結果使得這兩家公司在同業的競爭中遠遠落後。

總之，選股時絕對不能因為「它跟同業相比沒有漲」就買進，在股市裡，「後來居上」的例子非常稀少，落後就是落後，很難會再補漲回來。

圖表3-7　股價創新高，但平穩期範圍太大

■ 富士重工業與三菱汽車的月K線圖

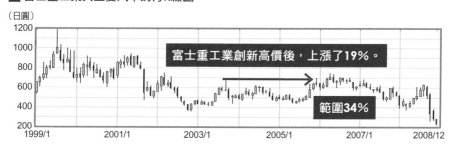

富士重工業創新高價後，上漲了19％。

範圍34％

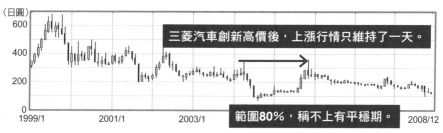

三菱汽車創新高價後，上漲行情只維持了一天。

範圍80％，稱不上有平穩期。

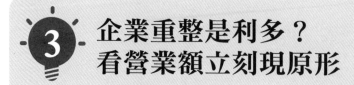

3 企業重整是利多？
看營業額立刻現原形

獲利重點：營業額成長10%以上，才能買進。

重要度：★☆☆

　　當企業財報出現虧損、獲利衰退時，如果進行重整、大砍人事等費用，可以讓公司轉虧為盈；不過，投資人看到用這種方式轉虧為盈的公司，可以買進嗎？

　　一般來說，企業重整所得到的獲利回升，不會持續太久，因為一家公司不可能一直靠裁員來解決財務問題，所以重整的話題熱度很快就會消失。本來經營企業就要無時無刻追求節省成本，企業重整就像「想從乾毛巾中再擰出水來」，結果當然是擰不出（獲利）來。

　　投資人通常會對獲利能長期維持高成長的公司懷抱希望，如果他們知道某些希望只是鏡花水月，一定會盡快把那支股票賣掉，因此，重整企業的股價通常漲不上去。以我個人的投資經驗來說，我甚至覺得企業是否重整，跟是否考慮買進之間，並沒有太大的關聯。

營收沒增加，就知道獲利是靠重整

　　其實，最該問的問題是：這家公司為什麼必須重整？是不是經營出了問題，導致消費者對該公司的產品和服務之需求不斷下降？

一家公司如果真的想要重新振作，不應該靠節流（重整），而是要開源（增加營業額）才對。重整或許能幫企業暫時度過難關，但不能解決根本問題。

當然，有些重整成功的企業確實能讓營業額逐漸回升，但我建議的買進標準，是營業額至少要成長10％以上。我們就來看一家重整失敗的企業——日本航空。

請見圖表3-8，日航的股價在2007年11月突破了近期高點275日圓（2007年2月的價位），此時它最近一季的稅後純益（2007年4月～6月期）成長了166％，比上一季成長了200％，比上上一季則成長了45％，可以看出獲利改善的徵兆（此處成長率的計算方式涵蓋

圖表3-8　創新高價的時點，營業額成長幅度低的股票不買

■ 日本航空的月K線圖

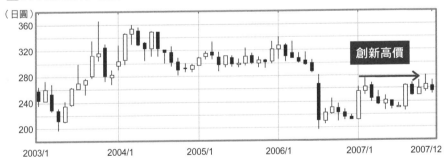

業績成長率（與去年同期相比）		
	營業額	稅後純益
2006年　10月期～12月期	5%	45%
2007年　1月期～3月期	7%	200%
4月期～6月期	0%	166%

根據創新高價時所發布的財報

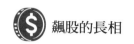

轉虧為盈的季度,請見第101頁的計算式)。

2007年2月,日航發表重整的中期計畫,當中提到2008年3月期的營業利益目標是300億日圓以上;而當2010年3月期完成企業重整時,2011年3月期的營業利益目標要達到880億日圓。

然而,碰上2008年的全球景氣寒冬,航空業的市場需求下降,結果日航股價創新高後沒有持續上揚,重整也以失敗收場。它在2007年11月創新高價後,只撐了三天,股價就暴跌,2010年終於申請破產(2012年9月在稻盛和夫的手中起死回生,股票重新上市)。

日航在2007年股價創新高的當下,我們無法判斷未來景氣會出現衰退、航空需求下降,那麼該怎麼做,才能避免在那個時間點買下這種股票呢?

第一,注意它的營業額。在上頁圖表3-8中,日航當季的營業額成長率是0%,前幾季的營業額也只分別成長了7%跟5%,沒什麼起色,這是典型的重整企業的營業額表現。

第二,注意新高價出現的位置。我們的規則是股價必須突破過去兩年以上的高點,但它在2007年11月,只突破了2007年2月的高點,時間相隔不到一年。

因此,不管是從營業額或股價走勢圖分析,得到的結論都是投資人「不該」買進這支股票。

重整成功的三項指標

重整成功的關鍵,在於營業額是否成長。那麼,正處於虧損狀態的公司,在什麼狀況下營業額才會好轉呢?具體來說,你可以觀

察三個指標：

> **1. 公司面臨危機時，成功推出新產品。**
> **2. 在重整過程中，幸運碰上景氣復甦、需求回升。**
> **3. 重整成功，重新贏得顧客的信賴。**

近年來，日本重整成功的知名案例就是日產汽車。從卡洛斯・戈恩（Carlos Ghosn）自1999年3月擔任日產汽車的營運長以來，便開始重新改造這家公司，使得日產汽車從原本在2000年3月期虧損6800億日圓，到2003年3月期已出現約5,000億日圓的盈餘，只花了三年時間就讓公司起死回生。

之後幾年，日產汽車的稅後純益不斷成長，到2006年3月期時，已經達成連續六年獲利成長，這樣的好成績也反映在股價上，從卡洛斯・戈恩就任前的低點290日圓（1998年10月），飆漲到1,556日圓（2006年5月），暴漲了五倍多。

請看下頁圖表3-9，日產汽車從2000年以來，股價三度創新高：

① **2001年3月**：突破了1999年10月的高價770日圓，最近一期的獲利成長了200％（2000年4月9月期所發表的上半年財報，當時尚未引進季報制度），成績非常漂亮。不過，營業額只成長了2％，等於成長速度停滯不前，因此這個時候還不是買點。

日產汽車在第一次創新高價後，股價幾乎沒有往上漲，而是呈現盤整的態勢，2001年9月又跌到405日圓，股價幾乎腰斬，可見此時不買是明智的判斷。

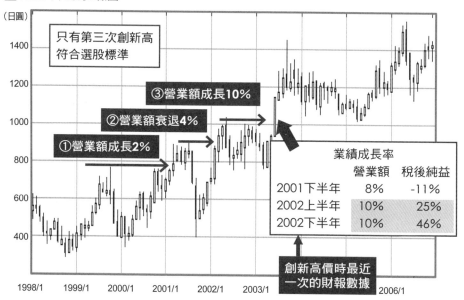

圖表3-9　日產汽車起死回生，股價也三度創下新高

② **2002年3月**：突破了2001年7月的高價900日圓。最近一期的稅後純益成長34％，但營業額衰退了4％（根據2001年上半年財報）。由於營業額衰退，所以依然不是買點。日產汽車在此之後的一年三個月屬於平穩期，股價在800日圓到1,000日圓之間來回波動，直到2003年6月終於突破平穩期，到這時才是買進的時機。

③ **2003年6月**：突破2002年5月的高價1,041日圓，同時也突破了過去十年以上的高點。我們來看這個時間的基本面。請見圖表3-9右下方的表格，最近一期（2002年下半年）營業額成長10％，稅後純益成長46％，2002年上半年則是營業額成長10％，稅後純益成長

25％，已經符合買進的條件。

2002年以後，日產汽車重拾顧客的信賴，內銷日本的汽車數量大幅成長了14％──在此之前，日產汽車飽受長期銷售停滯之苦。1973年時，日產汽車在日本國內汽車的市占率曾經高達33％，但隨後每下愈況，到了2000年市占率只剩下不到18％。2000年以後，日產汽車的市占率終於開始回升，2002年度的市占率更是31年以來首度回升1％以上，這表示該公司已經重拾顧客的信賴了。

第三次的創新高價，光看K線圖就證明它值得買進。我們可以看見它形成一道平穩期，範圍不到30％。股價從2003年6月創新高價（1,041日圓）後，到2003年9月（1,455日圓），才三個月就飆漲了四成。

分析到這裡，或許有人會覺得不滿：「日產汽車進行重整的這段時間，股價明明上漲五倍，用你的方法投資卻只能賺到四成。」是的，該公司在重整期間股價確實上漲五倍，但過程中也有股價腰斬的時候，許多投資人可能無法忍受慘跌而在中途就認賠殺出。

投資飆股的重點不是一口氣大賺，而是在追求股價翻倍的同時，還要避開過程中暴跌的可能性。即使我們無法在一檔股票裡買在谷底、賣在觸頂，但能夠一次賺飽飽，也能從其他股票賺到錢，做到這樣就夠了。如何不讓自己產生心理壓力、能安心地一直投資下去，才是最重要的。

重整企業最大的問題是，獲利的回升通常只能維持很短的時間。**想知道一家公司能否真正東山再起，直接觀察營業額的回升狀況比較可靠。**

4 企業購併，往往是失敗者聯盟

獲利重點：合併只能延緩股價下跌，股價走勢往往虎頭蛇尾。

重要度：★☆☆

每當媒體發布某某知名企業要「迎娶」某家公司的消息，該公司的股價就會飆漲。這也難怪，當一家嶄新又變大的公司誕生時，投資人一定會產生很多想像空間，期待購併能為企業帶來突破性的成長。雖然這類股票的股價通常會飆漲，但我要告訴大家：這種股票千萬不要買。

為什麼？請你自問一個問題：「被買的一方，接受購併的理由是什麼？」答案多半很簡單：這家公司正面臨經營困境。對企業來說，脫離困境最快的捷徑，就是被購併。

當一家公司經營得很好，每季的獲利都順利成長時，是絕對不會想跟別人合併的。一定是公司高層斷定未來經營會更加嚴峻、市場需求會不斷降低、股價走勢將不被看好等等，才會想跟別人談購併。換言之，購併是在企業經營不善下，另一種形式的企業重整。

假設有兩家規模相當的公司A跟B要合併，這兩家公司合併後，並不會像變魔術一樣，產生一家新的C公司，只是在合併後，財報上的獲利數字，是A公司加上B公司的獲利而已。

更精確一點來說，由於企業合併後通常會裁掉兩家公司職能重疊的部門，省下一些人事成本，所以，新公司的獲利應該是A公司獲

利加上B公司獲利，再加上省下人事成本而增加的獲利。

因此，理論上合併後的新公司，股價應該是A股股價加上B股股價，除以二，再加上裁減重複部門後省下的開銷數字，所換算成股價的數值。但如果A公司和B公司的股票繼續分別上市，股價多半會下跌，沒有發揮到兩家公司合併後所產生的「綜效」（股價至少也該反映裁減重複部門後，省下成本所增加的獲利）。

合併只能延緩股價下跌

日本大部分的購併案都發生在金融業。1980年代泡沫經濟崩潰以前，日本都市銀行曾被稱為「15行體制」（指協和、神戶、埼玉、三和、住友、第一、太陽、大和、東海、東京、日本勸業、富士、北海道拓殖、三井、三菱這15家銀行），如今只剩下三大集團（三菱 UFJ 金融集團、三井住友金融集團、瑞穗集團）和Resona銀行（前身為大和銀行）而已。

銀行合併的過程中，金融股的行情也開始走下坡。由於金融股合併後股票代號改變，形成新的股價，所以無法算出精確的跌幅，但就算只看從1980年代開始購併、表現最好的住友信託銀行，股價從1987年高點到1998年的低點，也下跌了95％。

企業合併確實有好處，可以降低成本，遏止獲利繼續惡化，但這麼做也只是把股價下滑的幅度從銳角磨成鈍角而已，還不足以吸引投資人買進。

請見下頁圖表3-10的 7&I 控股公司（日本大型零售通路企業，是日本 7-ELEVEn 的母公司，旗下還有伊藤洋華堂超市、SOGO・西

圖表3-10　合併後，股價只有剛開始上漲

■ 日本三大超商的月K線圖

（倍）

7&I 控股公司

羅森

全家

合併初期股價暴漲，但之後的跌幅比其他同業深。

説明：左側的倍數是以7&I控股公司成立時（2005年9月）的股價為基準點，計算到2008年底為止的變化率。

武等公司），它在2005年9月為了拯救伊藤洋華堂，購併了這家連鎖超市公司。

　　在日本，大賣場已是夕陽產業，在這個產業中，像西友超市這樣能保持財務健全獨立的公司屈指可數。伊藤洋華堂也幸虧有 7&I 控股這麼賺錢的母公司罩著它，才能繼續生存下去。

　　7&I 控股公司在完成購併的最初三個月，股價上漲了六成，這代表投資人對它寄予厚望；然而，之後投資人便開始懷疑伊藤洋華堂是否成了母公司的拖油瓶，因此，在同類股裡，羅森（在日本經

營規模僅次於 7-ELEVEn 的連鎖超商）和全家的股價走勢很相近，7&I 控股公司卻開始走下坡。如果伊藤洋華堂超市沒有跟 7&I 控股公司合併，它自己的股價跌幅應該更加慘重。

即使合併後股價創新高，也不能買

合併後的公司，即使股價創下新高，也不宜買進。我們來看化學大廠三菱化學與藥品公司三菱製藥，在2005年10月合併成為三菱化學控股公司的例子。

請看下頁圖表3-11，這支股票的平穩期已維持一年以上，終於在2007年1月突破平穩期、股價創新高；但它最近一季的經常利益衰退了29％，所以絕對不能買。

之後半年，這支股票上漲了50％，以後見之明來看，可能會覺得當初應該買進才對，但請再仔細觀察它之後的走勢，從2007年7月的高點到2009年的低點，一口氣下跌75％，跌幅比日經平均指數慘重很多，可見原先名過其實的漲幅，一遇到大盤暴跌就會被打回原形。現在看到它暴跌的慘狀，是不是覺得沒碰這支股票真是太好了呢？當上漲幅度名過其實，最可怕的就是你不知道它何時會被打回原形。

只有宣布合併當天會上漲

我們一起來看，當公司發布合併的消息後，股價會出現什麼反應。這裡要舉的例子，是麒麟啤酒和三得利上演的購併大戲。

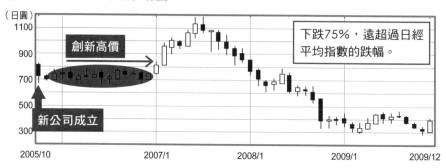

圖表3-11 名過其實的漲幅，在大盤暴跌時就會現出原形

■ 三菱化學控股公司的月K線圖

下跌75%，遠超過日經平均指數的跌幅。

創新高價

新公司成立

(日圓) 1100 / 900 / 700 / 500 / 300

2005/10　2007/1　2008/1　2009/1　2009/12

單季業績成長率			
		營業額	經常利益
2006年	1月期～3月期	12%	-29%
	4月期～6月期	10%	15%
	7月期～9月期	13%	-29%

創新高價時，最近一季的業績。

　　2009年7月13日，兩家公司合併的消息早就提前洩漏給媒體，翌日，麒麟啤酒正式宣布購併三得利。圖表3-12顯示購併案發布前後，麒麟啤酒的股價變化。媒體報導前的股價是1,291日圓，7月13日媒體報導後，隔天一早開盤就跳上1,431日圓，漲幅高達11％。

　　然而，7月14日的收盤價1,436日圓就成為最高價位，此後好幾個月，麒麟啤酒的股價走勢都很疲軟。在此同時，同類股的朝日啤酒卻持續飆漲，由此可見，麒麟啤酒的股價無法飆漲，是自身出了問題。換言之，市場對合併的消息過度反應，所以必須拉回整理（這兩家公司的購併案，由於持股比例談不攏，最後在2010年2月宣告破局）。

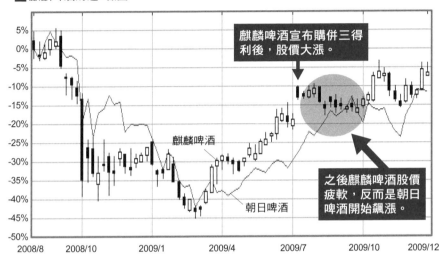

圖表3-12　發布合併消息當天，就是股價最高點

■ 麒麟啤酒的週K線圖

麒麟啤酒宣布購併三得利後，股價大漲。

麒麟啤酒

朝日啤酒

之後麒麟啤酒股價疲軟，反而是朝日啤酒開始飆漲。

說明：左側數值是以2008年8月最初一週的股價為基準，來計算股價的變化率。

　　股市裡確實有公司購併後股價上漲的案例，不過，原因和購併無關。

　　2002年9月，川崎製鐵和日本鋼管合併成 JFE 控股公司。自合併後的低點算起，到了2007年，共上漲了七倍多。

　　但是，請看下頁圖表3-13中的新日鐵，其走勢與 JFE 控股公司幾乎一模一樣。這表示 JFE 控股公司股價的上漲，不是合併帶來的效果，而是自2003年起，中國、印度等新興國家對鋼鐵的需求大增，鋼鐵業才會達到前所未有的榮景。

　　下頁圖表3-14是兩個購併案發生前後的K線圖，上圖是日本遊戲軟體大廠史克威爾與艾尼克斯，合併成史克威爾艾尼克斯，下圖是

圖表3-13　股價上漲，是因為產業景氣變好

■ JFE控股公司和新日鐵的股價走勢圖

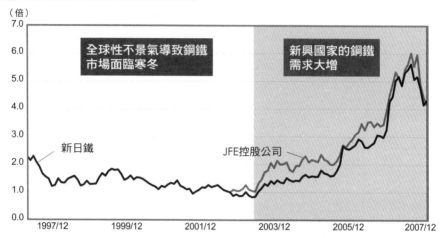

説明：左側的數值是以 JFE 控股公司2002年9月成立時的股價為基準，計算股價變化率的結果。

圖表3-14　大盤指數上漲，合併公司才會一起上漲

■ 史克威爾艾尼克斯（上圖）與安斯泰來製藥（下圖）的月K線圖

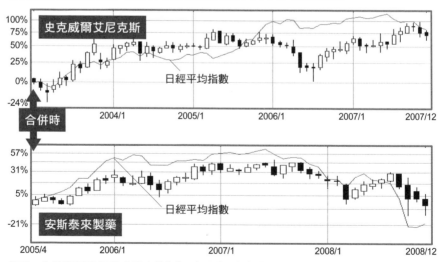

説明：左側數值是以兩家公司合併後第一個月的股價為基準，來計算之後的股價變化率。

山之內製藥與藤澤藥品合併成安斯泰來製藥。

這兩張K線圖都呈現合併後股價上漲的走勢，但仔細一看，兩者的走勢與日經平均指數非常類似。這表示合併後的上漲是因為景氣正在好轉，這兩家公司的股價表現只維持在市場的平均值而已。

收到錢的一方可以買，但要盡快脫手

要注意的是，購併還能細分為合併與收購。雖然兩者都是兩家公司合併成一家，但收購是小公司被大公司併吞，小公司屬於被收購方。

當我們想要一樣東西，而且無論如何都要得到時，可能就必須支付高出市場行情的價錢。藝術品的拍賣會就是根據這個原理進行，才會屢創天價。同樣地，要擁有一家公司必須買下大多數的股份，因此，被收購公司在消息發布時，股價一定會立刻上漲。

買方可能會宣布：「我們打算以高出市價三成的價格收購。」下頁圖表3-15就是一個這樣的案例。日立製作所在2009年7月收購日立 Plant Technology，由於消息提前曝光，股價在正式宣布的前一天就開始上漲。正式宣布後，日立 Plant Technology 的股價便飆漲到被收購價格的610日圓。

身為投資人，此時要趕快賣出收購方的股票。畢竟他們用高出市價的行情買下被收購公司，勢必得燒掉一大筆錢，長期來說或許對獲利有幫助，但短期來看，收購方獲利成長率衰退的機率很高。

也因為這樣，當收購方需要借錢來籌措收購資金時，如果收購利益小於貸款利息，可能會影響他們收購的意願。

圖表3-15 被收購方在公布消息時，股價會上漲

■日立Plant Technology的日K線圖

新聞報導

正式宣布要以610日圓的價格被收購

此外，我們從圖表3-16可以看見微軟收購雅虎時上演的戲碼。2008年2月1日，微軟宣布計畫以每股31美元、總共約446億美元的現金和股票來收購雅虎，於是股市一開盤，雅虎的股價就直接跳到預定收購價格的附近。

由於收購價比原本的股價高出62％，是非常大規模的收購計畫（如果談成了，收購金額將是美國史上第二高）。投資人認為這對於收購方微軟的獲利影響很大，因此微軟的股價立刻暴跌（後來雅虎反對收購案，並轉與谷歌結盟，三個月後，微軟放棄了收購案）。

圖表3-16　出錢方的股價跌，收到錢的股價漲

■ 雅虎的股價走勢圖

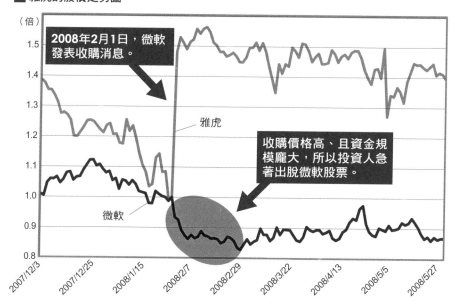

說明：左側數值是以宣布收購前一天的股價為基準，計算之後的股價變化率。

第四章

這支飆股會漲到哪？

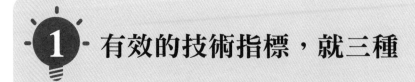

1 有效的技術指標，就三種

獲利重點：判斷指標與股價之間的相關性，是否合理。
重要度：★☆☆

　　大部分的技術分析都不準，這對在股海中打滾多年的資深投資人而言，不是什麼值得大驚小怪的事。即便是基本面分析，除了我在第一章介紹的篩選條件（營業額成長10％以上、獲利成長20％以上），其餘的指標效果也不大。

　　但很多散戶迷信技術分析，甚至對自己採用的分析方式有多少可信度都不曉得，就不假思索地照著操作，這就像一直吃著不知有無藥效的藥物，遲早會出現副作用（對股價誤判）。

　　如果你想判斷某個技術分析的指標是否成立，有個簡單的原則可循，就是思考它合不合理。例如，貨車的運輸量是經濟成長的指標：景氣好，需要運輸的貨物自然會增加。這種關聯性很合理，所以我認為未來要觀察景氣，這依然是有效的指標。

　　另外，也有人說一國平均壽命的長短，是觀察經濟成長率的指標。你覺得呢？我怎麼想都想不通，景氣好壞跟壽命長短有什麼關係。很可能是做這份統計數據的期間，這兩件事剛好呈現高度正相關，才會產生「景氣不好，平均壽命會延長」或是「景氣不好，平均壽命就不會增加」等結論。

　　而在股票的技術分析中，**最為人所知的無效指標就是趨勢線。**

對K線很熟的人，一定看過圖表4-1這種把幾個股價高點連成一直線的趨勢線吧？千萬別學它這麼畫線。

趨勢線是投資人的大敵

　　趨勢線背後的原理是：股價的波動會沿著趨勢線的移動，幅度逐漸縮小，當K線走勢突破趨勢線時，就代表買點浮現。這個原理和本書介紹的波段操作方式（平穩期範圍要小於15％）是一樣的，唯一的差別是當股價飆漲起來後，我是以均線，而趨勢線則是以一道

圖表4-1　趨勢線不能看月K線圖

■ 信越化學的月K線圖

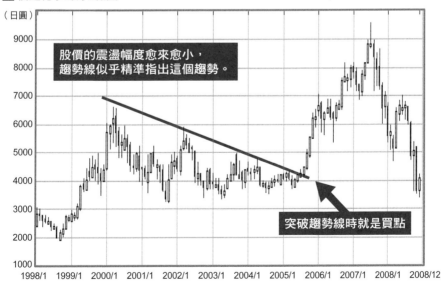

直直的斜線來做判斷依據。發明趨勢線的人,是希望能比均線更快判斷股價趨勢,但實際上這麼做,暗藏著很高的風險。

如果趨勢線畫在月K線圖這種長期的股價走勢圖上,會讓人以為它非常神準(以月為單位的走勢圖,涵蓋時間通常至少需要五年以上,甚至十年)。

趨勢線的問題是它想怎麼畫,全靠自由心證,所以常令投資人產生困惑。例如圖表4-2這個例子,就有實線和虛線兩種畫法。如果是將A點和B點連成直線的實線,不會出現買進訊號;但如果是B點和C點連成的虛線,則股價早已突破,是非常明確的買點,投資人很

圖表4-2 用趨勢線,卻看不出趨勢

■ 三井物產的週K線圖

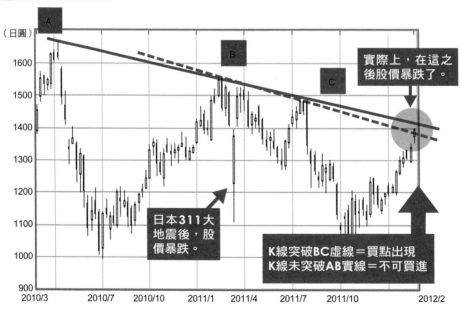

難判斷該以什麼點來連線（實際上，比較準確的是$\overline{AB}$線段，因為後來三井物產的股價直接跳水暴跌）。

但趨勢線最根本的問題是：沒有合理的理由能解釋$\overline{AB}$線段或$\overline{BC}$線段，何者的趨勢比較準確。

技術分析與基本面分析，何者優先？

幾乎所有的技術分析指標，都著眼於數據與買賣訊號的相關性，例如「經由數據驗證，只要出現某某訊號就應該買進」，但很少有人進一步深思其合理性。很可能在某段時間內，買進訊號真的很準，但這就跟經濟成長率與壽命長短的關係一樣，兩者之間真的有相關性嗎？就算有，能持續多久？沒有人知道。

我試過各種技術分析指標，最後只有三種效果比較穩定，我會在本章中一一說明。

我也曾試著將創新高價後飆漲好幾倍的飆股，拿來用各種技術分析指標檢驗一遍，結果符合標準的，大概只有一半。

因此，如果你問我技術分析和基本面分析的結果產生歧異，應該以何者為優先？我會回答：「基本面優先。」但如果是從提高勝率、絕不賠錢的投資策略來看，我會回答：「除非能通過兩者的考驗，否則就不買。」

技術分析指標的優點是：為了分析過去的股價、成交量等情報，必須列出所有的客觀數據，不會像基本面分析那樣曖昧。它可以拿出統計資料證明：「當某個數值出現，該檔股票上漲的機率有多少。」

　　雖然靠自己思考找出答案，是非常耗費心思的工作，但只要有指標可以依循，例如「根據過去的分析，有百分之多少的機率會上漲」，那麼做投資決策時才能氣定神閒。請把技術分析當作輔助情報，好好地活用吧！

投資小叮嚀

　　均線是「移動平均線」（MA）的簡稱，具體做法是把一段時間內的收盤價加總後除以天數，再根據算出來的平均股價畫成曲線。一般採用的天數是短期的週線（5日）、10日MA，中期的月線（20日）、季線（60天）與年線（240天）。

2 留意創新高價當天的成交量

獲利重點：在股價創新高的當日，成交量要比20日MV多出二～三成。

重要度：★★☆

你有沒有想過，為什麼成交量的訊息必須被公開？

當你在報紙、網路上瀏覽股價情報時，除了當日的四個交易價格（開盤價、最高價、最低價、收盤價）外，一定還會看到成交量。在股價走勢圖中，K線圖下方通常會附上成交量的長條圖。既然成交量的情報這麼受到重視，表示它本身一定有很重要的意義。

投資高手光看成交量就能預估未來股價的走勢，因為**成交量透露最重要的訊息：成交量愈多，股價愈有機會上漲。**因此，這一節我要教你怎麼看成交量，就能看出飆股的長相。

請看下頁圖表4-3，這兩張是日本最具代表性的海運公司商船三井與川崎汽船的K線圖。乍看之下，兩者的走勢形狀幾乎相同：兩者低價出現的時間點相差一個月，商船三井是2002年10月，川崎汽船是2002年9月；而且在2007年10月一起觸頂。從低點到觸頂之間的漲幅，商船三井是11倍，川崎汽船是12倍。

請注意2005年的創新高價位置。這兩家公司平穩期的範圍都不到30％，但商船三井的股價在2005年8月輕鬆創下新高，川崎汽船卻在2005年9月突破失敗。投資人該怎麼做，才能確保選到商船三井，而避免買到川崎汽船呢？

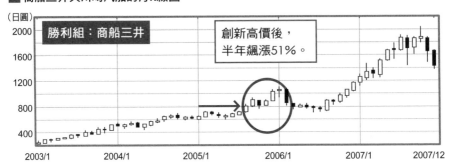

圖表4-3　K線圖很像，但只有一支股票會飆漲

■ 商船三井與川崎汽船的月K線圖

（日圓）

勝利組：商船三井

創新高價後，
半年飆漲51%。

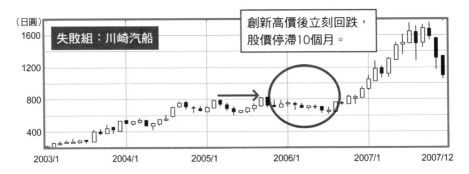

（日圓）

失敗組：川崎汽船

創新高價後立刻回跌，
股價停滯10個月。

　　這兩家公司屬於相同產業，所以基本面幾乎一模一樣。商船三井在創新高價時，最新一期的財報（2005年全年）經常利益成長了93%，本益比為7倍（當時2006年3月期第一季的財報尚未發表）。

　　另一方面，川崎汽船在創新高價時的最新財報（當時已發表2006年3月期第一季財報），經常利益成長了141%；它在2005年全年的經常利益也成長了71%，本益比為8倍。

創新高價當天的成交量，最重要

接著，我們把K線跟成交量合在一起來看。

圖表4-4中紅色箭頭所指的是2008年8月1日，商船三井突破了過去高價（2005年3月的730日圓），在K線上拉出一根很大的陽線，成交量則為過去半年第二高，比上個月的均量（MV，詳見第138頁「投資小叮嚀」）多出大約249％。之後，商船三井的股價在半年內大漲，2006年1月來到1,104日圓，漲幅約為51％。

然而，在下頁圖表4-5裡，川崎汽船在2005年9月26日雖然突破過去高價（2005年3月的795日圓），但這是在交易時間內突破，當

圖表4-4　成交量大，K線拉出一根大陽線

■ 商船三井的日K線圖

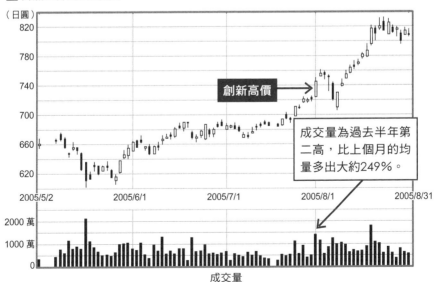

創新高價

成交量為過去半年第二高，比上個月的均量多出大約249％。

成交量

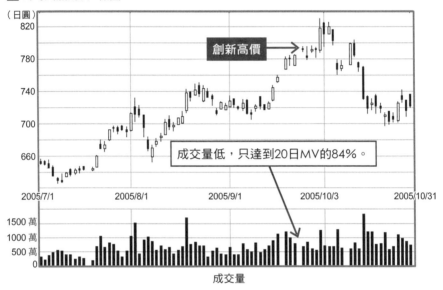

圖表4-5 成交量小，收盤價遲遲無法創新高

■ 川崎汽船的日K線圖

創新高價

成交量低，只達到20日MV的84%。

成交量

日收盤價並沒有超過795日圓，成交量也只達到20日MV的84%。

在27和28日，川崎汽船的股價也曾在交易時間內突破795日圓，但收盤價仍然無法突破這個高價，這是因為量能不足，成交量只達到20日MV的102%和74%。直到30日，收盤價才終於突破過去高點，但這檔股票觸頂後忽然反轉下跌，之後便維持低迷近十個月。

接下來，我們來比較在同一天創新高價的兩支個股，這樣就可以排除個股的漲跌是否受到大盤指數行情強弱的影響。

請看圖表4-6，澤井製藥在創新高價當日的成交量，是20日MV的11倍，之後股價在半年內飆漲了6成。相對於此，圖表4-7的幸樂苑，成交量只比20日MV多出10%，之後股價也只上漲了5%。

■ 澤井製藥的週K線圖

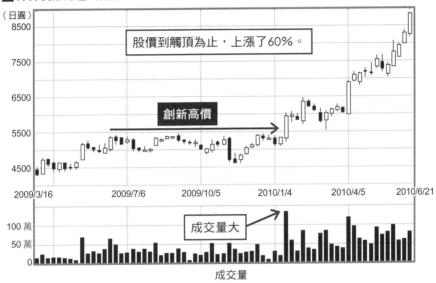

股價到觸頂為止，上漲了60%。

創新高價

成交量大

成交量

■ 幸樂苑的週K線圖

股價到觸頂為止，只漲了5%。

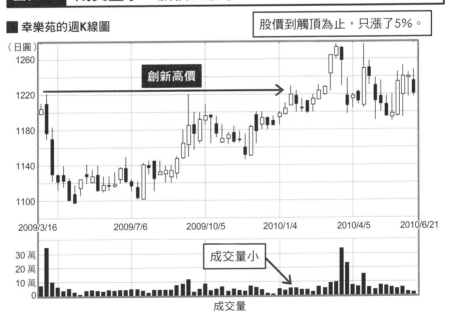

創新高價

成交量小

成交量

　　買在股價創新高的概念，並不是我發明的，這其實是市場參與者普遍的想法。換句話說，從某支股票創新高價的那一刻起，市場參與者會產生一個共同的期待：這支股票應該會繼續漲上去。不過，當成交量出不來，就代表市場對這支股票的期待不高。

　　股價創新高的當日，成交量比20日MV多出二～三成最為理想。不過，「創新高價當日的成交量愈大，股價飆漲機率愈高」這個原則不是萬靈丹，我建議最好把這項指標當成淘汰股票的情報使用，也就是說，當成交量沒有多出二～三成，即使這支股票創下新高價、其他條件也很吸引人，我們也應該把它淘汰。

3 最強大的技術指標——K線波動率

獲利重點：在股價創新高價的當日，波動率愈低，後續飆漲的
　　　　　成功機率愈高。

重要度：★★☆

　　買在創新高價的選股方式，最怕買到過熱的股票，因為這種股票往往在創新高價後就會回跌。所謂「過熱」，是指股價波動幅度太過激烈，就像登山，如果爬到半路喘不過氣，就會沒有力氣再往上爬；換句話說，一支股票如果在創新高價後無力再往上飆漲，就會失速下墜，所以我們必須確認一支股票在創新高價後，仍有力氣再往上飆漲。

　　如何確認？最簡單的技術指標，就是第一章介紹的平穩期範圍：一般來說，範圍愈小，過熱機率愈低。但光憑這點還不夠，因為有些股票的走勢即使範圍很大，也還不算是過熱。然而，是否過熱還是很主觀的個人判斷，因此，搭配我的「K線波動率」，在投資判斷上就會更加精準。

觀察股價變化，有兩個切入點

　　一般來說，**觀察股價有兩個切入點：一是股價高低，二是波動幅度**。以氣溫為例，你一定經歷過冬天氣溫驟降的經驗。例如過了一段秋高氣爽的日子後，有一天氣溫突然驟降5度，如果是紐約的冬

145

天，一天的溫差甚至可以高達10度（作者曾在紐約哥倫比亞大學商學院，跟著投資大師吉姆‧羅傑斯學習行情分析技巧）。

相對地，阿拉伯地區的氣溫就非常穩定，每天的溫度變化不大，即使有變化，也多在1～2度之間，所以當地人從沒感受過冬天氣溫驟降的感覺。儘管阿拉伯地區的夏季氣溫高達45度、冬天不到20度，住在那裡確實能感受到季節的更迭，但如果以月為單位來看，那裡的氣溫變化卻是漸進式的（作者曾在全球最大主權基金「阿布達比投資局」擔任日本股投資部長）。

我在國外住過才發現，氣溫除了高低之分，還有變化的穩定與激烈之別。股票也是一樣，股價波動是小幅還是劇烈，與投資風險有很高的相關性，因此，波動率是技術分析中最重要的一環。不過，我所自創的波動率，跟傳統概念不同，定義也有所區隔——我稱它為「**K線波動率**」，這是我自己發明的概念。

簡單來說，一檔股票在創新高價時，如果波動率高，就是過熱的訊號。請看圖表4-8上方的月K線圖，三菱商事在2003年～2007年間，股價漲了五倍以上。在下方的週K線圖中，這檔股票曾在2004年4月創新高價失敗，但同年10月再度挑戰成功，之後就一路飆漲上去。

檢查這兩個時間的營業額與獲利成長率，則不管買在4月或10月，都符合飆股的條件，但投資人當然希望買在10月而不是4月，此時運用技術分析，就能避免誤判買點。

請看下圖紅色網底圈起來的部分，這兩個時間點的平穩期範圍都不到30％，但4月創新高價前，股價震盪太過激烈，而10月創新高價前，股價波動很小。可見光看K線圖，就能判斷兩者波動率的高低，但為了謹慎起見，接下來，我會用更精準的數值來加以驗證。

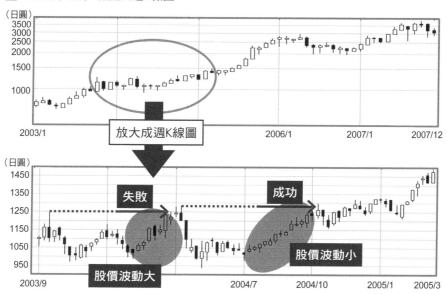

圖表4-8　創新高價兩次，但只有第二次能進場

■ 三菱商事的月K線圖與週K線圖

K線波動率的定義與公式

　　波動率是指股價波動的幅度（包括漲幅與跌幅），下頁圖表4-9
顯示同一種波動形狀的兩種波動模式：左圖是水平方向，右圖則向
下傾斜。如果把這兩條線看成計程車的行駛距離，收費應該是一樣
的；換言之，左圖和右圖的波動率應該一致。但如果把這兩條線看
成股價的波動，則下跌行情（右圖）的波動會比水平波動（左圖）
大得多。

圖表4-9　理解新波動率的思考方式

把同樣形狀的波動傾斜來看

	左圖	右圖
價格變動	小（箱型整理、水平通道）	大（下跌行情、下降通道）
波動率	一樣大	一樣大

　　那麼，K線波動率該如何計算？觀察波動率、也就是股價漲跌幅時，最好的工具是K線圖，所有K線圖都會附上開盤價、最高價、最低價、收盤價四種價格。看K線時，我們可以假定股價在一天中的變化如下：

> 從K線推算一日漲跌幅度
> ‧陽日線（收盤價＞開盤價，代表上漲）
> 　開盤價→最低價→最高價→收盤價
> ‧陰日線（收盤價＜開盤價，代表下跌）
> 　開盤價→最高價→最低價→收盤價

　　在現實情況中，即使是陽日線，也可能出現最低價比最高價晚出現的情況，或是一天之中在最高價與最低價之間不停來回。但就經驗來看，陽日線最常見的情況是觸底後直接邁向高價，最後成為

收盤價。陰日線也是一樣的道理。

接下來，請看圖表4-10的K線波動率公式。

計算K線波動率最好用20日（也就是一個月）的股價漲跌幅來計算，但為了讓讀者先熟悉這套公式，以下先用兩天的股價來示範。請看下頁圖表4-11。

第一天（陽日線）的股價動態為：

910日圓（昨日收盤價）→915日圓（開盤價）

→910日圓（最低價）→925日圓（最高價）→920日圓（收盤價）

第二天（陰日線）的股價動態為：

920日圓（昨日收盤價）→925日圓（開盤價）

→930日圓（最高價）→905日圓（最低價）→910日圓（收盤價）

圖表4-10　K線波動率的公式

首先，算出單日股價的漲幅＋跌幅

陽日線的算法

＝｜昨日收盤價－當日開盤價｜＋｜開盤價－最低價｜
　＋｜最低價－最高價｜＋｜最高價－收盤價｜

陰日線的算法

＝｜昨日收盤價－當日開盤價｜＋｜開盤價－最高價｜＋
　｜最高價－最低價｜＋｜最低價－收盤價｜

K線波動率的公式

$$波動率（\%）＝\frac{「單日股價漲跌幅度」的月平均值}{收盤價的月平均值}×100$$

說明：｜｜為絕對值。

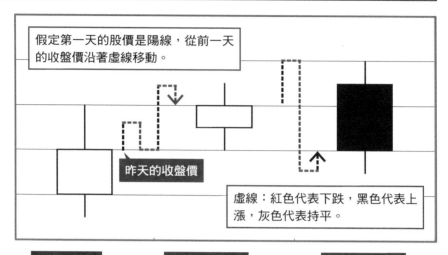

假定第一天的股價是陽線，從前一天
的收盤價沿著虛線移動。

昨天的收盤價

虛線：紅色代表下跌，黑色代表上
漲，灰色代表持平。

昨天的股價	第一天的股價	第二天的股價
	股價漲跌幅度　30	股價漲跌幅度　40
	收盤價　920	收盤價　910

圖表4-12 ②計算股價漲跌幅度

股價以此順序變動

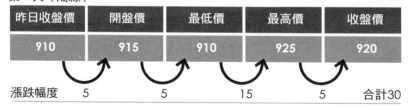

第一天（陽線）

昨日收盤價	開盤價	最低價	最高價	收盤價
910	915	910	925	920

漲跌幅度　　5　　　　5　　　　15　　　　5　　合計30

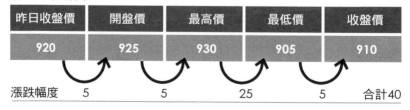

第二天（陰線）

昨日收盤價	開盤價	最高價	最低價	收盤價
920	925	930	905	910

漲跌幅度　　5　　　　5　　　　25　　　　5　　合計40

接著，用以上數據，算出兩天的平均股價波動值為：（30＋40）÷2＝35，兩天平均收盤價為（920＋910）÷2＝915。然後，套用圖表4-10的公式，計算這兩天的K線波動率為：

$$\frac{平均漲跌幅度}{平均收盤價} \times 100 = \frac{35}{915} \times 100$$

$$= 0.0382 \times 100$$

$$= 3.8\,(\%)$$

計算20天的K線波動率時，一一計算實在太累，建議用Excel軟體代入公式，就能輕鬆得到數據。我在另一本著作《大漲的訊號》中，也是用同樣的單日漲跌幅動態，來計算我發明的「賣壓比例」，因此圖表4-11，其實就是前著（《大漲的訊號》）的圖表4-19。此外，第五章第二節的「賣出轉換線」也是採用相同的概念觀察股價的波動，這是我做技術分析時最重要的基本功。

波動率比成交量更重要

下頁圖表4-13是三菱商事的股價日K線圖與波動率曲線圖，從波動率來看，就能解釋它在2004年4月無法創新高價、10月卻能成功的原因。

在2004年4月5日那天，三菱商事突破了2003年9月以來的高價，但此後只有六天維持這個收盤價，到了5月更是回跌25％。另一方面，同年10月13日，它再次成功地創新高價，而且這次沒有再大幅下跌，反而一口氣進入上漲行情。

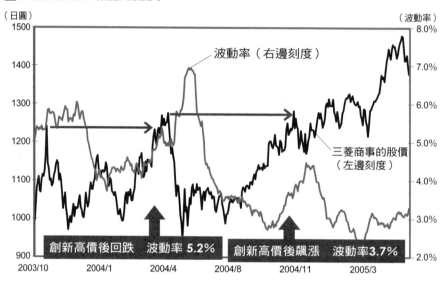

圖表4-13　用波動率估算創新高價成功和失敗的機率

■ 三菱商事的日K線圖與波動率

說明：這裡的股價不是用收盤價而是最高價。

　　圖表中的灰線就是波動率，乍看之下，股價的變動和波動率的變化沒有相關性，但是請看它的波動率，在4月5日為5.2％，在10月13日為3.7％；換句話說，**在股價創新高價的當日，波動率愈低，後續飆漲的成功機率愈高。**

　　對投資風險謹慎的投資人，最好投資波動率4％以下的股票，4％～6％已算中度風險，6％以上就是高風險了。此外，業績非常好的企業和小型公司，波動率通常都會偏高。美國和中國股市的波動率標準，跟日本股市又略有不同，但波動率愈低愈具有飆漲潛力這個原則，無論在哪一國的股市都是成立的。

波動率	成功機率	投資風險
未滿4%	40%	小
4%～6%	35%	中
6%以上	25%	大

在三菱商事這個例子中，如果光看成交量，得到的結果也是在第二次創新高價時才能買進。也就是說，第一次創新高價時的成交量較低，第二次則較高，因此，只有第二次創新高價時才出現買進訊號。

但如果碰上波動率和成交量這兩個指標的判斷結果不一致，就表示至少有一項指標顯示該股的行情疲軟。投資人最討厭的就是風險，最有效的投資方法就是，只要有一個指標出現走弱的訊號，就寧可選擇先不買進。

但若有讀者問：「相較之下，哪個指標比較重要？」我會回答：「波動率比較重要。」換言之，即使成交量不足，只要波動率不顯示股價過熱，還是可以考慮買進。我要強調的是，波動率就是這麼強大、好用的工具。

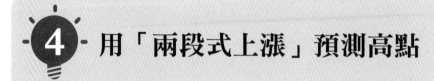

4 用「兩段式上漲」預測高點

獲利重點：預測漲幅不到兩成，就別買。
重要度：★☆☆

　　走進第一次光顧的壽司店，如果菜單上沒有標示價格，我會因為不知道這頓飯吃下來要付多少錢而感到不安，根本無法好好吃飯；同理，買股票時，你一定很想知道買進的股票大概會漲到什麼價位，但我們不可能精準地預測遙遠未來的某個時間點，股價到底會是多少，況且花太多時間預測股價，往往是白費工夫，因此對投資人來說，如何簡單快速地預測股價高點，非常重要。

　　我的預測工具是「兩段式上漲」，它可以預測半年至一年後（長一點甚至是數年內），股價高點會落在哪裡。有了這項工具，你甚至能在買進股票前，只要對預測的高點不滿意，就可以決定不要進場。這跟天真地打算「漲到幾塊錢就賣出」，完全不同。

簡單的加減，就能算出股價會漲到哪

　　「兩段式上漲」的算式非常簡單，只需要簡單的加、減法就能算出來；而且在你練習的過程中，還會養成用這個邏輯看K線圖的習慣，久而久之，你一眼就能看出哪個K線圖長得漂亮、哪個不漂亮。

學會用「兩段式上漲」看K線，是提升投資技巧的必要條件，真的非常重要，請務必學會。

　　所謂的「兩段式上漲」，其原理是：股價波動時，會產生兩個大小相同的漲幅，第二個漲幅結束時就是高點，之後就會暴跌。下面，我會用圖表4-14做為基本範例，詳細說明。

　　1. 第一段大漲（長期）：首先請看第一段大漲（$\overline{AB}$），範圍是100日圓（從A點100日圓漲到B點200日圓）。之後，股價跌至C點170日圓，然後再度進入上升行情。想要預測股價會從近期低點（C點）上漲到什麼價位，公式如下：

「兩段式上漲」的基本模式

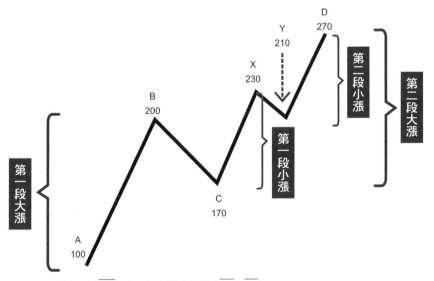

說明：第二段大漲（$\overline{CD}$）中，包含兩次小漲（$\overline{CX}$和$\overline{YD}$）。

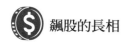

高點**D**的預測值＝170日圓（近期低點）

　　　　　　　　＋100日圓（$\overline{AB}$的大漲範圍）

　　　　　　　　＝**270日圓**

270日圓，就是我們對這檔股票高點的預測值。

2. 第一段小漲（短期）：從近期低點（C點）之後，這支股票又漲到230日圓（X點），然後再度下跌。我們先計算到目前為止的一段小漲範圍：

小漲範圍＝230日圓－170日圓＝**60日圓**

之後它的低點來到210日圓（Y點），但我們預測下一次小漲的範圍也是60日圓，所以下次小漲的高點是：

高點**D**的預測值＝210日圓（近期低點）

　　　　　　　　＋60日圓（$\overline{CX}$的小漲範圍）

　　　　　　　　＝**270日圓**

3. 飆漲結束：漲到我們預測的高點270日圓（D點）後，接下來會大幅下跌。因為按照兩段式上漲的理論，兩次大漲結束後，就會觸頂轉跌。

「兩段式上漲」的波段構造

接下來，我們藉由實際的K線圖，再進一步說明「兩段式上漲」的原理。

股價的變化主要是由兩段漲跌範圍相似的大波動組成，其構造有如洋蔥，無論剝了幾層，都維持著相同的形狀（只是愈來愈小）。同理，一波大漲中包括兩次中型漲幅，中型漲幅又可細分成兩次更小的漲幅。無論你是從大、中、小的漲幅範圍來計算，最後推算出來的高點，基本上應該都是一樣的。

請先記住這個概念，然後再來看圖表4-15，它是由兩段長期漲

圖表4-15 長期（約20年）的兩段式上漲

■ 信越化學的月K線圖

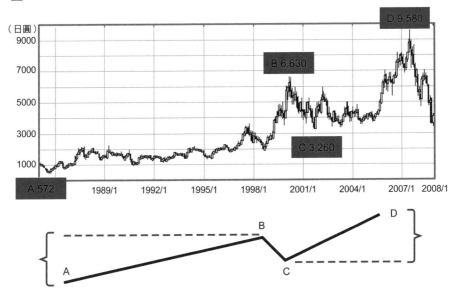

幅$\overline{AB}$和$\overline{CD}$所組成（加起來約20年）；接著再看圖表4-16，$\overline{CD}$又是由兩段較小的漲幅組成（加起來約4年）。也就是說，$\overline{CD}$是由兩次中期漲幅$\overline{CV}$和$\overline{WD}$組成，而$\overline{WD}$又能再細分成$\overline{WX}$和$\overline{YD}$這兩個短期漲幅。

1. 長期漲幅：根據圖表4-15，信越化學從1985年的A點572日圓漲到2000年的B點 6,630日圓後，2001年又跌到C點3,260日圓。因此，就長期波動來看，我們可以推算它的高點如下：

高點**D**的預測值＝3,260（**C**）＋$\overline{AB}$（6,630－572）＝9,318

中期（約四年）的兩段式上漲

■ 信越化學的月K線圖

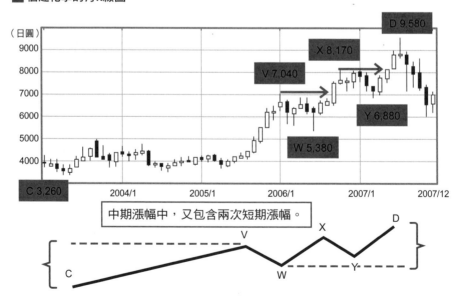

也就是說，就長期來看，它應該會漲到9,318日圓。

2. 中期漲幅：請看圖表4-16，這支股票從C點3,260日圓漲到2006年的V點7,040日圓，是它的第一段中期漲幅；之後，它又跌到W點5,380日圓。所以，如果要從W點預測它下一次的高點，預測值應為：

高點D的預測值＝5,380（W）＋$\overline{CV}$（7,040－3,260）＝9,160

3. 短期漲幅：隨後，它的股價從W點5,380日圓，又漲到X點8,170日圓，這是它的短期漲幅。碰到高點後它又跌至Y點6,880日圓。如果投資人要從Y點預測接下來的最高點，預測值應為：

高點D的預測值＝6,880（Y）＋$\overline{WX}$（8,170－5,380）＝9,670

預測漲幅過20％，才值得買進

如果你看上的某檔股票，預測漲幅不到20％，千萬不要冒險買進。我們來看一個實際例子，我直接從圖表4-16抓兩個創新高價的地方來說明：

1. V點：此時我們預測股價最高值是9,318日圓（參照從長期漲幅推算的高點預測值）或9,160日圓（參照從中期漲幅推算的高點預測值）。如果從V點算起，兩者的漲幅分別是32％、30％，都還算

高，在這個時點「買進」沒有問題。

2. X點：此時可預測的高點除了上述兩個計算結果外，還能從短期漲幅推算出另一個預測值9,670日圓；但即使假設股價最高能飆漲到9,670日圓，從X點（8,170日圓）上漲到這個預測值，漲幅也才18％，不到20％，因此這個時候不宜買進。

結論是：V點和X點都是創新高價的位置，但V點可以買，X點不能買。假如你買在X點，由於這檔股票後來的實際高點是9,580日圓，漲幅約有17％，如果你在此時賣掉，就有17％的報酬率；但在實際操作上，我們無法剛好在高點賣掉股票，能從17％拿到一半的獲利就很了不起了。

最高點的計算結果，可能會因長、中、短期漲幅的切入點，而有所不同，一般來說，只要記得愈短期的漲幅愈接近現實情況即可。以信越化學為例，從短期漲幅推算出來的結果是9,670日圓，在三個預測值中最接近實際的最高點9,580日圓。但是，為了保險起見，買進時還是參考三個預測值中最低的一個價位比較妥當。

另外，我之所以說「V點可以買，X點不能買」，是為了讓大家更容易理解兩段式上漲的概念；實際上，我們不會等到股價突破V點才買進，而是在脫離平穩期後（V點之前）陡升時就買進。

K線圖漂不漂亮？該怎麼看？

如何看出K線圖漂不漂亮？相信現在各位讀者也能辦到，只要大量看K線圖，一定愈來愈能區分哪些K線圖長得漂亮、哪些不漂亮。

圖表4-17的日立製作所，就是K線圖不漂亮的範例。如同前面的例子，我們先拆解它的「兩段式上漲」。從K線圖中可以看出，它的兩段式上漲為：

長期漲幅：$\overline{AB}$和$\overline{CF}$

中期漲幅：$\overline{CD}$和$\overline{EF}$

我們假設現在這檔股票來到紅色箭頭標示的新高價位D點（888日圓），根據兩段式上漲的計算方式，看看這支股票是否值得買進。

圖表4-17 ┃ **K線圖不漂亮的範例**

■ 日立製作所的月K線圖

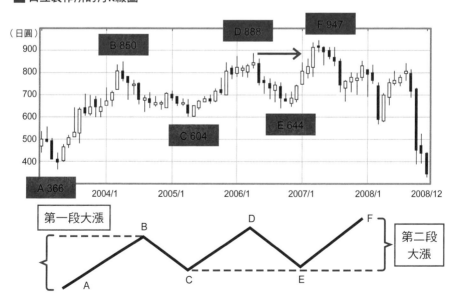

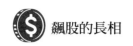

用長期漲幅計算：

F點的預測值＝C點＋AB＝604＋（850－366）＝1,088

用中期漲幅計算：

F點的預測值＝E點＋CD＝644＋（888－604）＝928

從現值888日圓到928日圓，漲幅不過5％；而如果漲到1,088日圓，漲幅有23％，雖然符合標準，但保險起見還是不應該買進；實際上，F點最後只漲到947日圓。

日立製作所的股價觸頂後，立刻大幅下跌。在F點之前的$\overline{DE}$段跌了244日圓（D點888日圓－E點644日圓），而更早之前的$\overline{CD}$段漲了284日圓（D點888日圓－C點604日圓）；換句話說，它的跌幅占漲幅的86％，等於在上漲後跌了近九成，證明投資人根本不看好它的基本面。

其實這支股票在基本面分析的階段就已經不合格，根本不用再進行兩段式上漲的分析。換句話說，基本面不佳的股票，用「兩段式上漲」的方式篩選，一樣會被淘汰。

最後提醒大家：高點的預測值不能只在創新高價那天才計算，而是要隨著股價的變動，隨時修正預測值。雖然太過依賴預測值很危險，但這麼做能讓你對股價高點心中有數，避免過了高點暴跌、卻還沒賣出的窘境。

第五章

賣得好，賺更多

 運用賣出指標的四個重點

獲利重點：不執著於賣在最高點。
重要度：★☆☆

　　前面介紹過我的選股方式，是看出飆股的「漲」相，這種飆股要買在創新高價位，也就是K線上平穩後陡升的位置；同時，這種飆股的特性是飆漲後會暴跌，因此股票從一買進，就要做好隨時賣出的心理準備。

　　不過，賣出持股比買進決定簡單多了，在多數情況下，只需要照著技術分析的指標，機械性地操作即可——**當賣出訊號出現，即便該公司的基本面很好還是得賣**。

　　投資人也可能碰上基本面惡化，而必須賣出持股的情況，不過這種情況很罕見，發生機率不到一成。因此賣出時機的判斷，主要還是依賴技術分析。用技術分析的賣股指標，有四個重點。只要理解並記住這四個重點，今後你賣股時就能當機立斷、不必求人。

重點一：不執著於賣在最高點

　　選股時你怎麼挑三揀四都不為過，標準可以盡量嚴苛，因為即使漏抓一條大魚，也不會產生實際虧損。因此，即使是投資新手，只要熟習一套好的選股方法，就不會有太大的問題。

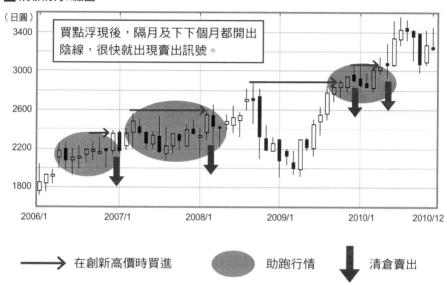

圖表5-4　投資人很難從助跑行情中獲利

■ 嬌聯的月K線圖

（日圓）

買點浮現後，隔月及下下個月都開出陰線，很快就出現賣出訊號。

→ 在創新高價時買進　　　　助跑行情　　　　清倉賣出

價，但隔月及下下個月都開出陰線，出現賣出訊號。

　　看嬌聯的業績，就能發現支撐它助跑行情的理由。在2005年～2011年期間，嬌聯的營業額與經常利益的年均成長率只有7％左右，所以股價上漲比較緩慢。照理說，這樣的成長率並未達到我們設定的標準（營業額10％、獲利20％），應該不買才對，但有時成長型公司的股價，會出現長期維持助跑行情的狀況。

　　有人可能會認為：「既然業績好就先別賣，觀察一陣子再說。」但一般來說，當一家公司的基本面漸入佳境，有時股價會提前反應、達到該賣的高點，所以不能光看基本面就決定買進。

買股時，我們很難判斷接下來的上升行情是會一路飆漲，或只是助跑行情。當整體股市出現疲軟，該股也可能在助跑行情結束後下跌，此時遵照技術分析的指標做決定，才是最明智的選擇。

賣出指標除了在助跑行情可能失靈外，其餘的時候都沒有太大的問題。尤其在上升行情的高點附近，賣出指標最能發揮作用，其威力甚至能超越基本面分析。

重點四：避免放空

到目前為止，賣出的重點大致上已經說明完畢，最後我想再談談放空。

放空是指投資人判斷股價已漲到高點後，從賣出開始的交易行為；換言之，就是先賣再買，也是投資新手較不熟悉的交易型態。

股票交易通常是低買高賣，放空其實也一樣，只不過是先賣再買，所以股價跌得愈重，放空者賺得愈多；但我要請各位讀者不要放空，因為要是賣出後反而出現上升行情，將會蒙受很大的損失，因為這種操作方式太過於仰賴技術分析。相對地，如果從買進開始操作股票，就可以同時利用基本面分析與技術分析來選股，看兩個面向當然會比只看技術指標強，勝率也比較高。

有些人會想：「既然如此，那就在基本面出現惡化時，趕快放空不就好了？」但通常此時股價的跌勢會很猛烈，等到你出手時恐怕就來不及了。請看圖表5-5，過度依賴技術分析，可能會在這種情形中受到重挫。從中期來看，股價只是暫時觸頂，之後雖然下跌，但長期來說會繼續上漲，朝著更高的價位邁進。

圖表5-5　賣出訊號會比基本面消息提前出現

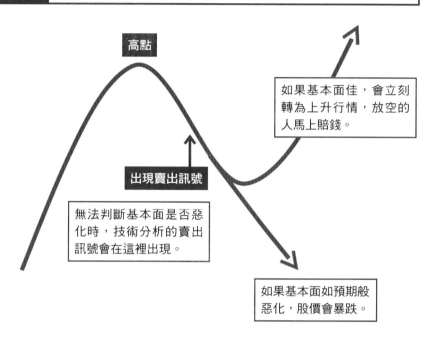

高點

如果基本面佳，會立刻轉為上升行情，放空的人馬上賠錢。

出現賣出訊號

無法判斷基本面是否惡化時，技術分析的賣出訊號會在這裡出現。

如果基本面如預期般惡化，股價會暴跌。

　　有時上升行情後會有短暫的休息，接著再度進入上升行情。如果過程中處於下跌行情的時間比預期短時，放空者就會蒙受很大的損失。

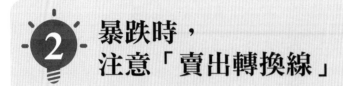

2 暴跌時，注意「賣出轉換線」

獲利重點：適用於股價暴跌時。

重要度：★☆☆

　　賣出轉換線是我的發明，簡單來說，就是用第四章K線波動率的概念來計算停損點，其原則是：「從近期高點算起，跌幅多少就賣出」。例如，假設近期的高點為1,000日圓，而你設定的停損幅度是10％，那麼當股價跌破900日圓時，就得賣出（也就是說，900日圓是賣出轉換價格）。

　　請見圖表5-6，當股價過了左邊的小高峰後小幅下跌，但不到10％，由此判斷不必賣出；然而當股價過了右邊的大高峰後，股價大跌且超過10％，就必須考慮賣出股票。使用賣出轉換線時，時間的長短不列入考慮；也就是說，不管下跌是發生在高峰後的一週或一個月，只要幅度超過10％，就要考慮賣出。

　　不過，根據我的經驗，傳統的跌幅定義使用起來的效果並不好，因此我設定了如圖表5-7的規則，根據波動率來計算每天的轉換幅度，而非死守10％這個數值。這麼做是因為同樣的波動率，對於不同的股票來說意義差很多。

　　例如，假設某一天，阿拉伯聯合大公國和日本出現了相同的降雨量，在日本會被視為稀鬆平常，在阿拉伯地區卻是不得了的天候異常，媒體一定會大肆報導，因為當地的道路沒有排水系統，一定會出現淹水的災情。同理，股價波動幅度大的股票，稍微跌一點

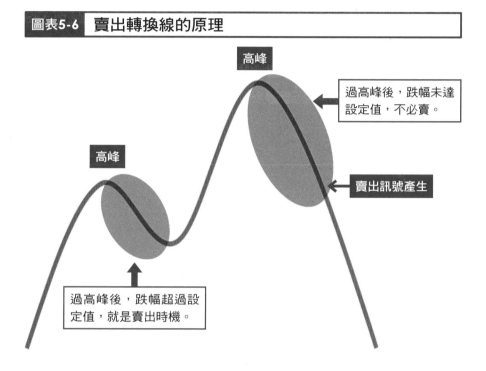

圖表5-6 賣出轉換線的原理

高峰

過高峰後，跌幅未達
設定值，不必賣。

賣出訊號產生

高峰

過高峰後，跌幅超過設
定值，就是賣出時機。

圖表5-7 賣出轉換價格的算式

賣出轉換價格＝近期高點－轉換幅度

當股價跌破賣出轉換價格，就要賣出。

轉換幅度：過去20天平均漲跌幅的3倍。
（平均漲跌幅的算法，請參照第四章第三節）

賣出轉換線：由每天的賣出轉換價格所構成的曲線。

還不至於要賣出；但若是股價波動幅度小的股票，即使下跌幅度不多，也應該考慮賣出。

平均漲跌幅度的3倍，就是轉換幅度

我們可以把持股先粗略分成波動較小和波動較大兩組，不過，股價的波動沒這麼單純，往往是同一支股票在某種情況下算是波動小，在某種情況下卻算是波動大，因此最好的方法，是掌握漲跌幅度的平均值。當股價跌破特定的平均漲跌幅度，就代表波動範圍超出標準，已達賣出轉換價格。

轉換幅度的算式，請先參照第四章第三節的漲跌幅算法，**漲跌幅度（20天的平均值）的3倍就是轉換幅度**。以圖表4-12（見第150頁）為例，第一天和第二天（兩天）的平均漲跌幅度是35日圓[(40+30)÷2]，3倍就是105日圓（35×3）——這就是它的轉換幅度——但正常來說應該採用20天的平均值。

接著，我們來看一個實際案例。圖表5-8的三井不動產，其股價在2007年5月10日來到4,000日圓的高點，之後便進入下跌行情。根據賣出轉換線，賣出訊號出現在6月14日。圖表5-9就是依照實際狀況描繪的賣出轉換線走勢。6月14日當天，它的平均漲跌幅度是160.5日圓，而近期高點則為4,000日圓，因此，根據圖表5-7的公式，計算賣出轉換價格如下：

賣出轉換價格＝4,000－160.5×3=3,518.5（日圓）

當天它的收盤價來到3,510日圓，已經突破賣出轉換線了。

■ 三井不動產的月K線圖與日線圖

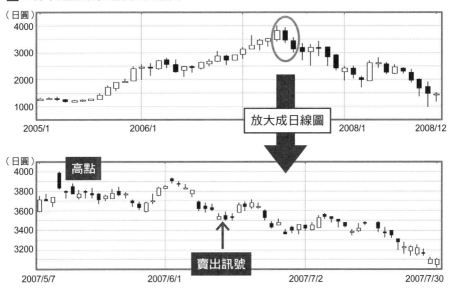

放大成日線圖

■ 三井不動產的賣出轉換線

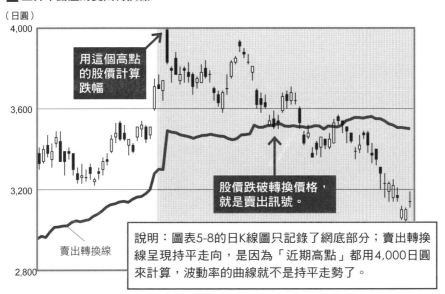

用這個高點的股價計算跌幅

股價跌破轉換價格，就是賣出訊號。

賣出轉換線

說明：圖表5-8的日K線圖只記錄了網底部分；賣出轉換線呈現持平走向，是因為「近期高點」都用4,000日圓來計算，波動率的曲線就不是持平走勢了。

何時適用賣出轉換線？

　　如果某支股票過去都呈現緩步上漲，但突然在某個時間點向下急殺，那麼賣出轉換線可以比其他的技術分析指標更早發出訊號。

　　請看圖表5-10的範例，五十鈴汽車的股價在2007年7月17日達到720日圓高點。根據賣出轉換線，賣出訊號出現在觸頂後的第11個交易日8月1日，當日收盤價為620日圓，若此時賣出，便可以避免之後暴跌到100日圓時措手不及。

　　如果股價過了高點後，平均漲跌幅數值很小，賣出轉換線就很難發揮作用，但請放心，因為在實際的股市走勢中，幾乎不會發生這種狀況。

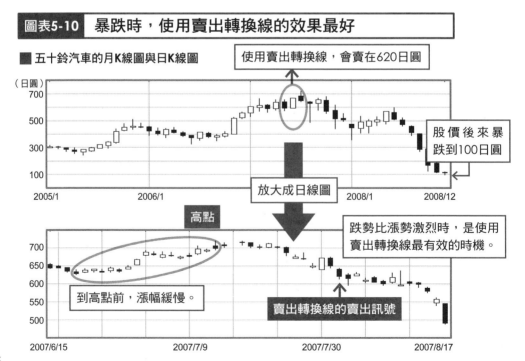

圖表5-10　暴跌時，使用賣出轉換線的效果最好

■ 五十鈴汽車的月K線圖與日K線圖

使用賣出轉換線，會賣在620日圓

股價後來暴跌到100日圓

放大成日線圖

跌勢比漲勢激烈時，是使用賣出轉換線最有效的時機。

高點

到高點前，漲幅緩慢。

賣出轉換線的賣出訊號

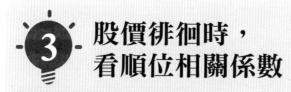

3 股價徘徊時，看順位相關係數

獲利重點：股價在高點附近徘徊時，能看出下跌時機。

重要度：★☆☆

　　順位相關係數（Rank Correlation Index，以下簡稱RCI）特別注重時間的順序，我希望投資人學會這個賣出指標，因為 RCI 雖是股價下跌的訊號，但計算時卻不考慮跌幅，其概念和賣出轉換線剛好相反。

　　為了讓大家理解何謂注重時間順序的賣出訊號，我將以下頁圖表5-11四種模式、四天的股價變動，來跟大家說明：1號股價天天下跌，走勢非常疲軟；2號看不出股價走勢是漲是跌；3號明顯是下跌趨勢，但和1號不同的是，中途（第三天）漲過一次；4號與3號差不多，但第三天漲幅較大，走勢比3號強勢許多（較難下跌）。

　　如果只看四天的股價走勢，任誰一眼就能判斷誰強誰弱；但如果是看20天的走勢，股價一定會在途中漲漲跌跌好幾次，光憑肉眼最多也只能「感覺這支股票比較強（弱）」，這種判斷還是脫離不了「感覺」的層次。

　　此時就該 RCI 出場了，RCI 能將股價走勢數值化，如果把下頁圖表5-11的四種走勢以 RCI 計算的話，結果如下：

1號：-100%　　　　　　**2號：0%**

3號：-80%　　　　　　**4號：-40%**

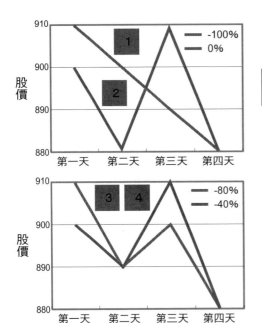

圖表5-11　從股價走勢掌握順位相關係數

四天收盤價的推移（四種模式）

1號（黑線）股價連跌四天
2號（紅線）股價走勢毫無章法

3號（黑線）股價跌勢「看起來」比4號（紅線）更明顯

　　RCI 注重的是「股價變動的順序」與「時間推移的順序」之間的相關性，隨著時間的推移，若股價的下跌傾向愈明顯，則判斷該股的股價將愈傾向走弱。某些技術分析的教科書會用 RCI 來衡量上升行情的強弱，但我只把 RCI 當成賣出訊號使用。

RCI的強項在大家意想不到的地方

　　圖表5-12最能體現 RCI 的厲害之處。圖中有兩條走勢線（黑線和紅線），乍看之下，紅線的走勢較弱，但如果根據 RCI 的定義，

図表5-12　**RCI的厲害之處：看出這兩種走勢一樣弱**

■ 四天收盤價的推移（兩種模式）

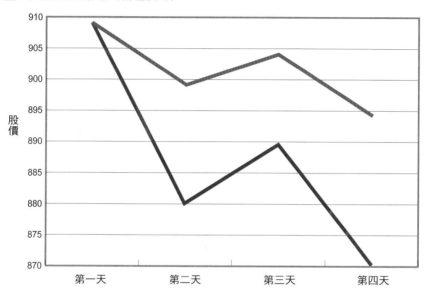

其實這兩個走勢一樣弱。

這兩個走勢都是第一天最高、第四天最低、第三天第二高，第二天第二低；換言之，兩者的日期順序與股價位置，關係是一樣的。RCI 不注重股價，所以只要日期和股價的關係一致，就會算出同樣的 RCI 數值。

有些人可能會想：「等等，這張圖表怎麼看都是紅線的走勢較弱，可是它們的 RCI 數值卻一樣，這不就表示 RCI 這個技術指標有問題嗎？」沒錯，這個說法也有道理。事實上，世上沒有完美的指標，每個指標都一定有它的弱點，只是當成賣股訊號時，RCI 的強項是：它能從圖表5-12中，判斷出「黑線和紅線的走勢一樣弱」。

　　誰都能一眼看出紅線的走勢弱，因此能判斷出「黑線也很弱」
才是關鍵。畢竟，能在股價已經下跌一陣子後，判斷出「行情即將
進入空頭」的技術指標多得是，但能在行情還沒有下跌太多時，就
能判斷出「行情已經進入空頭」的指標，則非常稀少。

RCI的公式

　　以下就是順位相關係數 RCI 的公式。

順位相關係數的公式：

$$RCI（\%）=\left[1-\frac{6D}{天數×（天數的平方-1）}\right]×100$$

說明：D的算法另外介紹。

　　現在我們把公式套用在圖表5-11的四條走勢圖，由於只有四
天，所以算式如下：

$$RCI（\%）=\left[1-\frac{6D}{4×（4×4-1）}\right]×100$$

　　至於D的算法，我們一邊看圖表5-13，一邊說明。

　　圖表5-13是圖表5-11裡3號的股價走勢，股價從4月1日到4月4
日，四天的價位從高排到低，依序是910日圓、890日圓、900日圓、
880日圓。我們用這個例子，示範D的計算方式如下：

| | 圖表5-13 | D的算法：以圖表5-11的3號為例 |

日期	①從最近的日期 回推日期順位	股價	②從價位最高者 開始排股價順位	③將日期順位 減去股價順位 （①－②）	③的數值平方
4月1日	4	910	1	3	9
4月2日	3	890	3	0	0
4月3日	2	900	2	0	0
4月4日	1	880	4	-3	9

合計（D）18

1. 將日期排序，最近日期為1，愈久之前的日期數字愈大。以這個例子來說，4月4日為1、4月3日為2、4月2日為3，4月1日為4。

2. 替股價由大至小排序，910日圓為1、900日圓為2、890日圓為3、880日圓為4。

3. 日期順位減去股價順位，以4月4日為例，日期為1，股價為4，所以是1－4＝－3。

4. 將第3步驟的結果平方。以4月4日為例，就是－3的平方，數值為9。

5. 將平方後的數字全部加總，最後得出的數字就是D＝18。

我們再把D的數值套進前面的公式中：

$$RCI（\%）=\left[1-\frac{6\times18}{4\times(4^2-1)}\right]\times100=-80\%$$

一般RCI會計算一個月（20個交易日），時間順序會從1標到

20，算起來還挺麻煩的，但只要代入Excel試算表就簡單多了。

另外，如果在計算期間內出現一樣的股價，該怎麼辦呢？有個算法是：假設第二高的股價有兩天一樣，2的順位就有兩個，之後便跳過3，從4開始排序。還有另一種算法是，第二高和第三高的股價排序都標示為2.5，不過，這兩種算法算出來的結果差異並不大。

RCI超過-70％，就是賣出訊號

我們來看一個實際例子，會讓你更了解如何運用 RCI。

圖表5-14是關西電力的股價從觸頂後，進入下跌行情的過程。這支股票在2007年2月6日於3,850日圓收盤後觸頂，賣出訊號則出現在18個交易日後的3,380日圓。

圖表5-15則是將股價與時間轉換成 RCI 的結果，**超過-70％就可視為賣出訊號**。或許有人認為：「這個賣出訊號出現得太遲了，有沒有更早知道可以賣掉的方法？」其實很簡單，只要把標準從-70％改成-60％就行了。不過，我會把 RCI 設在-70％自然有我的道裡，請看圖表5-15，即使在上升行情裡，RCI 也有可能掉到-60％左右，設在-60％可能會賣得太早。

最後，RCI 擅長從股價徘徊中看出下跌時機，所以它對於暴跌的狀況很可能會來不及反應，這一點請務必小心。

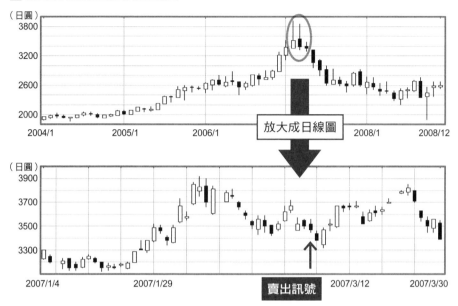

圖表5-14 將順位相關係數視為賣出訊號的實例

■ 關西電力的月K線圖與日K線圖

放大成日線圖

賣出訊號

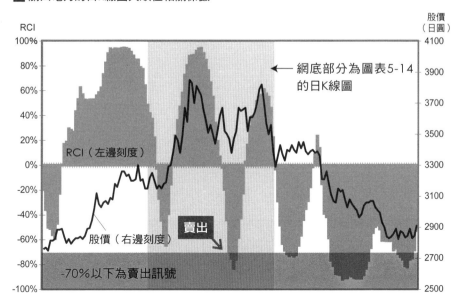

圖表5-15 順位相關係數的顯現方式

■ 關西電力的日K線圖與順位相關係數

網底部分為圖表5-14的日K線圖

RCI（左邊刻度）

股價（右邊刻度）

賣出

-70%以下為賣出訊號

第六章

只要看懂大盤，
不必放空，
下跌行情怎麼買怎麼賺

1 如何看出大盤會上漲、暴跌或盤整？

獲利重點：在下跌局面，多看少做是最好的策略。

重要度：★★☆

你所選中的股票，即使公司獲利蒸蒸日上，股價走勢還是會受到整體環境的影響，因此，想要提高獲利表現，你還得學會大格局思考。所謂的「大格局思考」就是：了解目前的股市環境，並且預測未來的變化。以天氣為例，就是預測大盤未來會繼續放晴還是開始變天。

股市行情如果只分漲跌兩種，未免太過草率，因為大盤最常見的情況，是長時間不上不下、多空對峙的盤整行情。因此，我把股市分成上升期和混亂期，這兩種狀況會交替出現。上升期就是行情暴漲的時期，而混亂期除了行情暴跌的時期，還包括平穩期。就像天氣不光只有「晴」跟「雨」，還有「陰天」一樣，把股市的陰跟雨歸在同一類，就是混亂期。

請看圖表6-1，上升期和混亂期可再進一步分成上升局面和下跌局面。上升期以暴漲的上升局面為主體，下降局面只是短期狀況，這跟混亂期以暴跌的下跌行情為主體剛好相反；至於混亂期的平穩期，則是平緩的上升與下降局面交替出現。

接下來，本節會依照以下三個順序逐一說明：

一、上升期：以暴漲為主體；

圖表6-1　上升期和混亂期的定義

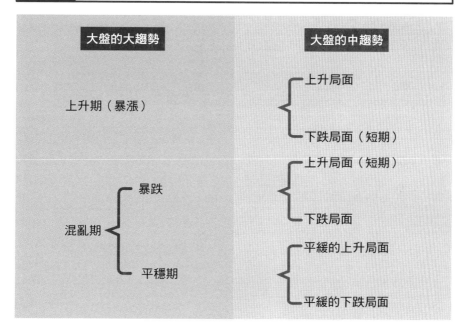

二、混亂期的第一階段：以暴跌為主體；

三、混亂期的第二階段：平穩期。

上升期特徵：不管什麼股票都容易漲

　　目前我們的投資環境處於混亂期，想要在混亂行情中持續獲利，就必須掌握混亂期的特徵。不過，首先我們要從上升期說起，這樣比較便於你對照理解。我把上升期的特徵整理成下頁圖表6-2。

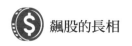

圖表6-2	上升期的特徵
市場行情的型態	強勁的上升軌道。
會上漲的股票	多種類股都會上漲；未達飆股篩選標準的個股，也可能會上漲。
特徵	出現代表時代潮流的新名詞，如達康時代（dot-com era）、金磚四國（BRIC）。
期間	比混亂期短。

當股市處於上升期，日經平均指數會強勁上揚，大多數股票都會上漲。這不表示連經營成績後段班的公司也會全跟著漲上去，但確實有一些業績成長率沒那麼高的公司，股價也會跟著水漲船高。

舉例來說，在2003年～2007年的上升行情中，日本菸草產業公司（日本最大的菸草製造商，見圖表6-3）股價暴漲了5.5倍，但在這段時間，它的經常利益5年只成長了2.1倍（等於年均成長16％）。這是受惠於日經平均指數在5年成長了2.4倍，所以儘管這支股票的經常利益年均成長率只有16％，根本不符合飆股的標準，投資人還是願意買單。

請回想我在第一章所舉的微軟股價（見圖表1-3），它當時的獲利成長率只有14％，所以股價遲遲漲不上來。日本菸草產業公司的獲利成長率跟微軟差不多，卻能成為飆股，就是因為市場處於上升期。

媒體會為上升期取特定名稱，例如2003年～2007年新興市場國家崛起，當時最夯的投資名詞就是「金磚四國」；或像是1999年～2000年被稱為「達康時代」。日本還會幫景氣取名，如岩戶景氣（指1958年～1961年高度經濟成長時代）、神武景氣（指日本1954

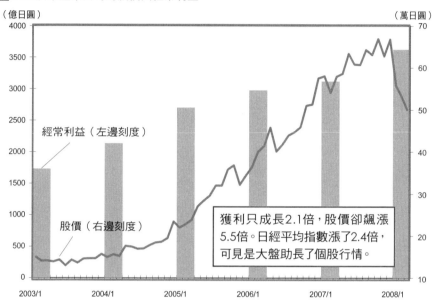

圖表6-3　獲利只成長16%，在上升期也能成為飆股

■ 日本菸草產業公司的股價與經常利益

（億日圓）　　　　　　　　　　　　　　　　　　　　　（萬日圓）

- 經常利益（左邊刻度）
- 股價（右邊刻度）

獲利只成長2.1倍，股價卻飆漲5.5倍。日經平均指數漲了2.4倍，可見是大盤助長了個股行情。

2003/1　2004/1　2005/1　2006/1　2007/1　2008/1

年～1957年高度經濟成長時代，意指從日本初代天皇神武天皇以來從未有過的好景氣。）等，這些新名詞都會對股價產生很大的影響。

暴跌期特徵一：大盤比企業更早反映景氣

當上升期遇到暴跌，混亂期便展開序幕。沒有行情會像飛機著陸那般緩慢平穩地下降，因此，混亂期的第一階段「暴跌」，最大特徵就是「快」。這表示股市的變化走在經濟前面。當企業主、政

客、民眾還在沉浸在好景氣的氛圍裡時,殊不知股價早已觸頂,快速進入下跌行情。

圖表6-4是2006年～2009年日經平均指數與工業生產指數(一種用來衡量經濟成長率的指標)的對照表。日經平均指數在2007年7月觸頂(18,000點)轉跌,工業生產指數則在2008年8月左右(13個月後)突然急速惡化,然而此時的日經平均指數,已經跌到13,000點了。

日經平均指數本來是從7,600點飆漲到最高點18,000點(漲了10,400點),因此從18,000點跌到13,000點,代表市值蒸發了一半。

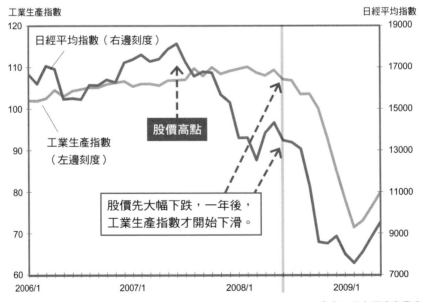

圖表6-4 股價的反應早於景氣

出處:日本經濟產業省。

股市早就看出苗頭不對，開始進入暴跌行情，而企業界卻相隔一年才急踩煞車、減少產量。透過這個例子，你應該可以了解投資界與企業界的反應速度，差異有多大了。

因此，請再記住一個重點：思考股價的未來走向時，千萬別從街道的熱鬧程度、計程車的排班隊伍長短，這種田野調查式的資訊來做判斷。因為**股價是景氣的領先指標，根據景氣來判斷股票走勢是反果為因。**

暴跌期特徵二：獲利再好，股價照樣暴跌

世上只有抗跌性強的公司，沒有抗跌性強的股票；當大盤進入暴跌行情，最恐怖的就是體質再好的企業，股價也照跌不誤。

下頁圖表6-5是日本各類股（香菸、藥品、啤酒、電力、鐵道等）的指標性企業，在2007年～2009年的金融風暴中，股價與獲利的表現。這些企業即使景氣不好，獲利仍能維持一定的水準，是標準的抗跌股；儘管如此，遇到暴跌行情，它們的股價跌幅還是令人咋舌。

這些公司不管獲利或股價，衰退幅度都比景氣敏感股（鋼鐵、電機、重工、精密、汽車、纖維）來得小，股價跌幅也比日經平均指數（重挫62％）好很多。

但即便是抗跌股中，也有不敵景氣衰退、獲利不斷惡化的企業，這些企業股價大跌我們還能理解，可是像JR東日本、安斯泰來製藥這兩家公司，經常利益的衰退跌幅只有2％和4％，獲利表現不俗，股價卻照樣慘遭腰斬——現在大家知道媒體沸沸揚揚地討論哪

圖表6-5	在暴跌行情，體質好的公司股價也會大跌

抗跌股

股票代碼	公司名稱	股價跌幅	經常利益成長率
2914	日本菸草產業公司	-69%	-15%
4502	武田藥品工業	-63%	-44%
2503	麒麟啤酒	-56%	-16%
9501	東京電力公司	-54%	轉盈為虧
9020	JR東日本	-53%	-2%
4503	安斯泰來製藥	-50%	-4%
平均		**-58%**	**-16%**

景氣敏感股

股票代碼	公司名稱	股價跌幅	經常利益成長率
5401	新日鐵	-74%	-44%
6501	日立	-73%	轉盈為虧
7011	三菱重工	-73%	-31%
7751	佳能	-72%	-37%
7203	豐田汽車	-69%	轉盈為虧
3402	東麗	-69%	-79%
平均		**-72%**	**-61%**

說明：平均為中間值。股價跌幅是計算2000年最高點到2009年最低點；經常利益成長率是根據最高收益到2009年3月期。

這兩家公司經常利益的衰退跌幅
很小，股價卻仍慘遭腰斬。

些股票抗跌性高，是多沒意義的指標了吧。

機構投資者喜歡尋找抗跌股，是因為即使拿來投資的資產變少了，但只要減少的幅度小於市場平均值，他們就能獲得「戰勝市場」的美名。而身為散戶，沒有人喜歡看到自己的資產減少，相較

之下，機構投資者的挑戰輕鬆許多。

暴跌期特徵三：投資人最不必害怕的時期

行情暴跌絕對不是什麼令人愉快的經驗，但對於採用我的選股方式的投資人來說，暴跌並非是可怕的現象，理由如下：

1. 暴跌時所有股票都下跌，沒有新的股票要買進。

2. 暴跌時若手上還有股票，在跌幅超過買價8％時立刻停損賣出，就不必擔心賠太多（停損點建議設為買價的8％）。

原本100的資產變成了92，還在可以接受的範圍，可見只要做好停損，完全不必害怕暴跌期的來到。

平穩期特徵一：選股要比暴跌期更小心

暴跌後是混亂期的第二階段：平穩期。我把平穩期的特徵整理成下頁圖表6-6，這個時期看不出行情即將上升或下跌，行情會不斷重複平緩的上升與下跌局面。

在混亂期的第二階段，很容易出現飆股，儘管數量沒有上升期多，但至少不會像暴跌期那樣全面慘跌。這段時間若是出現基本面佳的股票，投資人應該積極買進。

要注意的是，在混亂期裡，上升行情的時間比較短，有些股票可能沒漲多少就觸頂；也就是說，有些股票的上升趨勢在助跑行情

圖表6-6	平穩期的特徵
行情的型態	緊接在暴跌之後的穩定型態。
上漲的股票	只有少量股票,或符合本書選股條件的股票,會上漲。
特徵	平緩的上升與下跌局面,會交替出現。
期間	比上升期長。

階段就結束了。如果不小心在平穩期買到這種股票,虧損的風險比暴跌時期還要大。

平穩期特徵二:時間很漫長

混亂期最大的特徵就是期間非常長。暴跌期的時間很短,但緊接在後頭的是持續很長一段時間的平穩期。下頁圖表6-7,顯示混亂期和上升期交錯出現的模樣。有一個訊號能判斷大盤是否結束混亂期、進入上升期——指數會創新高價,宣告新時代的來臨。

下頁圖表6-8顯示美國股市在1929年大暴跌後,進入混亂期的情形。最初3年,股價從高點暴跌了86%,之後前景不明的行情持續了很長一段時間,直到13年後的1942年,才又開始一波新的行情出現。但投資人直到美國股市創新高價、進入新的上升期後,才體認到這個狀況:時間點是1945年第二次世界大戰結束,世界霸權移轉到美國手中之際。

第196頁的圖表6-9顯示,大盤指數或商品價格在暴跌後,在平穩期停滯多久才進入上升期。例如黃金和石油價格在1980年觸頂

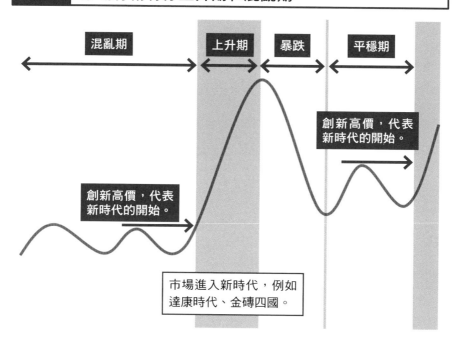

圖表6-7 市場行情有分上升期和混亂期

混亂期　　上升期　暴跌　　平穩期

創新高價，代表
新時代的開始。

創新高價，代表
新時代的開始。

市場進入新時代，例如
達康時代、金磚四國。

圖表6-8 美國股市的混亂期

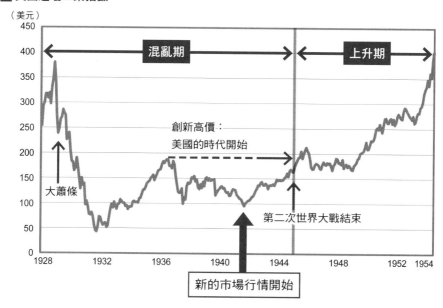

■ 美國道瓊工業指數

（美元）

混亂期　　　　　　　　　上升期

創新高價：
美國的時代開始

大蕭條

第二次世界大戰結束

新的市場行情開始

圖表6-9	混亂期的時間很長

■ 行情觸頂及之後的狀況

	觸頂時間	高點後的跌幅	從高點跌到谷底的時間	從混亂期到新的上升期，所花的時間
美國股市	1929年9月	-86%	3.0年	13年
黃金價格	1980年1月	-70%	19.6年	20年
石油價格	1980年10月	-75%	18.2年	18年
日經平均指數	1989年12月	-82%	17.8年	22年以上＊
那斯達克指數	2000年3月	-78%	2.6年	12年以上＊

說明：＊表示現在仍在持續進行中。

後，分別經過20年與18年的平穩期，才進入新的上升期。為什麼這麼久？我們以那斯達克指數為例來說明。

那斯達克指數的科技股占比很高，上一個上升期的結束時間，是網路熱潮結束的2000年3月，此後便進入混亂期。網路熱潮是在手機與電腦普及的背景下誕生的，這種新科技並非幾年就出現一次，而是數十年才會出現一次的大發明。因此那斯達克指數在網路泡沫化後，等於失去了行情的重要支撐。由於短時間內很難再出現一樣的革命性產品，因此那斯達克指數暴跌後，只能長時間停留在平穩期。

正因為平穩期都很漫長，所以只要有人告訴你：「再過多久，大盤就會漲到○○○點。」這種預測通常不準，唯一可以肯定的是，全球股市接下來仍會持續低迷。

不必懂經濟學，看懂行情的大趨勢與中趨勢就夠用

獲利重點：股市進入下跌局面後，手上不要有持股。
重要度：★★★

下跌局面，買股票要特別小心

混亂期很漫長，而且在當中的平穩期裡，下跌局面會不斷出現；而下跌局面，正是累積資產的大敵。投資人如果選在下跌局面進場，大多會以失敗收場，因為就算買進的股票基本面很漂亮，也會被大盤指數拖累。

例如下頁圖表6-10的日本網路廣告公司Cyber Agent，其股價在創新高前，獲利分別成長了45％（六個月前）、59％（三個月前）和202％（當季），獲利表現這麼亮眼，股價卻跌了39％。之後，它的獲利繼續創下142％、124％的三位數成長，可見股價下跌，絕非投資人不看好它的未來獲利所致，而是受到日經平均指數下跌波及（從2010年4月開始進入下跌局面）。

因此，當大盤重新回到上升局面，Cyber Agent便創下新高價，然後在短短兩個月內，股價又從創新高價的位置往上飆漲了58％。所以，無論你是買在2010年春天創新高價（實線）的位置，還是買在秋天創新高價（虛線）的時候，報酬率都差不多（不過，實線的範圍超過79％，實在太大，稱不上平穩期，從這個觀點來看，春天

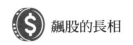

進場比較有勝算）。

如果預測大盤之後的走勢是件簡單的工作，真不知道該有多好，偏偏這是投資股票最難的課題，因為股市裡的創新高價股，屬於「絕對少數」。

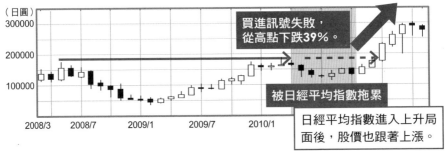

圖表6-10　獲利表現亮眼的股票，也可能受大盤牽累

■ Cyber Agent的月K線圖

買進訊號失敗，從高點下跌**39**%。

被日經平均指數拖累

日經平均指數進入上升局面後，股價也跟著上漲。

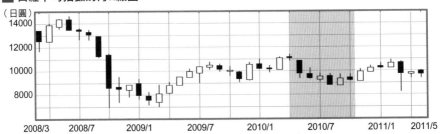

■ 日經平均指數的月K線圖

買進訊號前後的獲利成長率（與去年同期相比）	
六個月前	45%
三個月前	59%
當　季	202%
三個月後	142%
六個月後	124%

　　我選擇投資創新高價股，是因為這種股票飆漲的機率最高；相對地，我不買「非創新高價股」，是因為沒人能預測這種股票接下來會漲還是跌，但偏偏這種股票占整體股市99％以上——當整體股市有99％以上的個股無法預測未來走勢，當然很難判斷大盤未來的走向如何。因此，我強烈建議大家，如果有人在電視上發表「大盤指數會漲到幾點」之類的預言，千萬不要相信。

大趨勢：看世界主要指數的走勢

　　以下有幾個方法，可以幫助你簡單地觀察股市的大趨勢和中趨勢，還有上升和下跌局面。我們先從大趨勢開始釐清，現在到底是處於混亂期還是上升期。從全球主要的大盤指數，我們可以判斷股市何時會從混亂期進入上升期。

觀察點一：是否突破近期高價？

　　創新高價是分辨飆股的重要條件，而且這一點不只適用於個股，也適用於大盤指數。請見下頁圖表6-11，日經平均指數在2005年進入一波強勢的上升行情前，突破了2002年與2004年的高價。美國股市在1929年大暴跌後，進入上升行情前，指數也曾創新高（見圖表6-8）。

　　以現在這個時間點（指2012年第四季）來說，日本股市要進入新一波上升局面，必須突破2010年4月11,408的高點（2013年12月16日的收盤價為15,152點）。之所以說是「現在這個時間點」，是因為這個數值會隨著時間向下修正，詳細情況我會在觀察點三詳細說明。

圖表6-11 突破過去高價，是進入上升期的條件

■ 日經平均指數的月K線圖

觀察點二：比較世界主要的大盤指數

就像投資獨行狼股票，飆漲的勝率很低，同理，如果全世界只有日經平均指數上漲，這個上漲行情也有可能是假的，因此我們必須看看世界主要股票指數的動向。

請見下頁圖表6-12，亞洲各國的股市幾乎都有連動關係，指數都在2003年從谷底反彈（其實歐美股市也一樣，只是把全世界的指數都放進這張圖，看起來會很亂）。現在全世界正在逐漸形成一個大經濟體，所以就連各國股市的指數高點與低點，出現的時間也愈來愈趨向一致。

圖表6-12 亞洲的股價指數的波動都非常類似

■ 亞洲各國股價指數的月K線圖

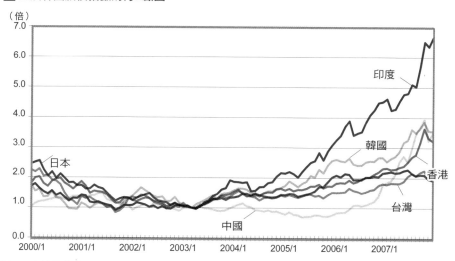

說明：左邊的數值是以2003年3月的股價為基準推算出來的成長倍數。

　　日本的大盤想上漲，必要條件就是和低迷的全球股市一起進入上升期。請看下頁圖表6-13，以中國的上證綜合指數來說，它必須突破2009年8月3,500左右的高點（2013年12月17日為2,148點）；香港恆生指數則是必須突破2010年11月25,000的高點（2013年12月17日為23,114點）。當市場開始轉為強勢的上升行情，這些指數會幾乎同時創下新高。

觀察點三：「過去高價」的位置不會一成不變

　　指數突破過去高價，就是景氣的「轉陽訊號」，但過去高價的位置會隨著時間而改變。請見下頁圖表6-14，當日經平均指數的下

■ 中國上證綜合指數

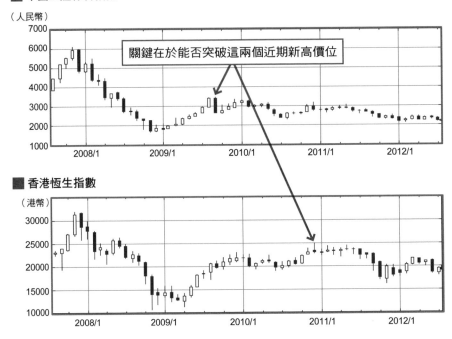

關鍵在於能否突破這兩個近期新高價位

■ 香港恆生指數

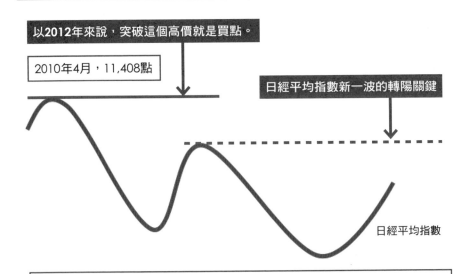

以2012年來說，突破這個高價就是買點。

2010年4月，11,408點

日經平均指數新一波的轉陽關鍵

日經平均指數

· 當日經平均指數呈下跌走勢，轉陽訊號的位置會不斷下修。
· 同時，其他國家股市的買點，下降的可能性增高。

跌局面不變，轉陽訊號的位置也會不斷下修。我在第一章圖表1-22曾經說明，當股價的波動範圍像皮球的彈跳般逐漸變小，突破平穩期後陡升的位置就是買點，同樣的道理也能運用在大盤指數上。

同樣地，當一國指數突破高價的位置愈來愈低，世界其他主要指數也會發生相同情形。如果全球股市只有日經平均指數的創新高價位置愈來愈低，代表日經平均指數進入上升期的時間遙遙無期。

中趨勢：看國內創新高價的公司有幾家

相較於大趨勢是從全球來判斷本國指數的未來走勢，中趨勢則是只看本國市場現在究竟處於上升局面或是下跌局面。要觀察本國的大盤，首先要看市場上有多少創新高價股。

在上升局面中，不是所有的股票同時上漲，而是由創新高價股帶頭漲起來，然後整體股市才會跟著漲上來。因此，當帶頭飆漲的個股數量愈多，就代表上升動能愈強。我們可以用下面的公式算出具體的數字。

$$創新高價股數量比 = \frac{過去一年創新高價股數量}{上市櫃公司總數}（\%）$$

至於這個比例的數值要怎麼看？請參考以下兩點：

一、要判斷市場是否為上升局面，請比較大盤指數的高峰與創新高價股數量比的高峰。

照理說，大盤指數的高峰愈往上爬，創新高價股數量比的高峰

也會跟著往上。但請看圖表6-15，指數明明正在走下坡，創新高價股數量比卻在上升。換句話說，光是對照指數與比例，我們就能預測市場已經嶄露曙光。但就現實來說，日本股市應該跟著全球市場一起變動，所以還是得考慮世界各大指數的動向。

二、當指數進入上升局面，由於股價之前低迷了好一陣子，所以創新高價股的公司數量會突然暴增，使得比例的數值也跟著走高。

當大盤的漲跌幅度高達50％，想要真正理解背後的原因，可能

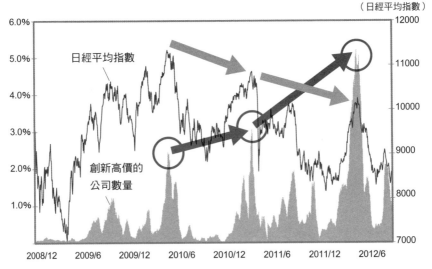

圖表6-15 即使日經平均指數下跌，創新高價的公司數量依然在增加中

■ 日經平均指數與創新高價股數量比

説明：左邊刻度是創新高價股數量比。

需要相當深厚的經濟知識，但光要搞懂經濟學就不知道要花多少時間了，而且就算知道原因，也不代表我們知道股市何時能進入上升期，或會不會繼續探底。

　　相較之下，我在本章介紹的掌握大格局方法就相當實用；而且我的方法一天只需要花幾分鐘時間，檢視全球各大指數的情況，對於投資人來說既省時又有效。

3 行情混亂期，怎麼撿便宜？

獲利重點：業績成長率突破過去十年新高，立刻買進。
重要度：★★★

　　混亂期的逆風狀況特別多。當我們順著風吹的方向走，會感覺身體變得輕盈；但逆著風走，每往前踏出一步都很艱辛。日本天候大多是無風或微風，但股市裡卻經常吹著暴風。

　　在混亂期，除非有利多消息出現，否則即使沒有利空消息，股價還是會持續下跌；換句話說，在這種情況下，我們只能買有利多消息的股票。這個原則也適用於上升期，只是在混亂期要更加嚴格遵守。

　　以下我會先舉例說明混亂期不可買進的四種原則，然後再介紹混亂期該怎麼撿便宜。

1. 獲利沒有突破之前的高峰，別買！

　　圖表6-16的三菱商事，稅後純益在2008年3月期達到高峰（4,709億日圓），但在全球不景氣的籠罩下，稅後純益於2010年3月期比起高峰時衰退了四成。股價在谷底時也蒸發了77％，之後該公司獲利回升，2012年3月期回到高峰的96％，幾乎算是重返高峰了。如果股價能如實反映企業的基本面，照理說三菱商事的股價應該也要漲回96％，但實際上，它的股價卻只剩下高點的一半不到。

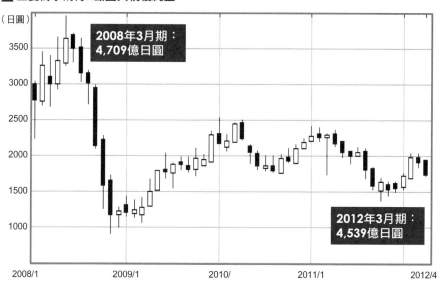

圖表6-16　即使獲利重回高峰，股價也只剩一半

■ 三菱商事的月K線圖與稅後純益

（日圓）

2008年3月期：
4,709億日圓

2012年3月期：
4,539億日圓

2. 獲利必須快速成長，而非穩定成長

下頁圖表6-17的日本雅虎則是從快速成長變成穩定成長，從2008年3月起，年均獲利成長率為7％。如果說股價會和獲利連動，那麼股價也應該每年成長7％才對，但實際上，它的股價不僅跌幅超過日經平均指數，2011年的低點更是從高點跌掉77％的市值。

3. 單季獲利惡化，股價立刻下跌

迅銷公司從2003年起的獲利便持續成長，平均每年成長17％，實力非常堅強，但它在獲利惡化之前，股價也免不了大跌的命運。從下頁圖表6-18可以看到，該公司於2010年8月期股價創新高時的業

■ 日本雅虎的股價和經常利益

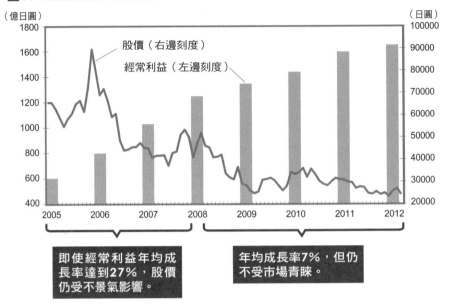

圖表6-18　股價上漲的重點，在於每季的業績表現

■ 迅銷公司的月K線圖

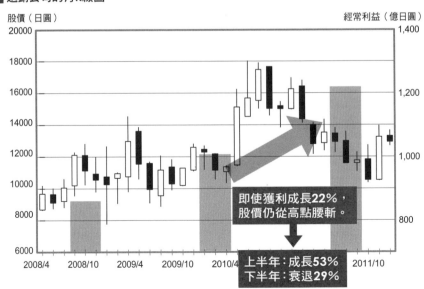

績。該公司整年的經常利益成長了22%，但上半年成長53%（第一季58%，第二季45%），下半年卻衰退了29%（第三季衰退21%，第四季衰退51%），因此股價也跟著腰斬。

4. 營業額不佳，股票會被嫌棄

如果問基本面分析中，營業額跟獲利哪個比較重要？答案當然是獲利。因此，大多數投資人在買股票前，一定會先確認該公司的獲利成長率。不過，不少人會忘了確認營業額。獲利是從營業額中產生的，當營業額不再成長，獲利的成長空間自然也會跟著受限。

請看圖表6-19的加藤產業（日本食品批發公司），其股價從創

圖表6-19　營業額沒成長，造成股價下滑

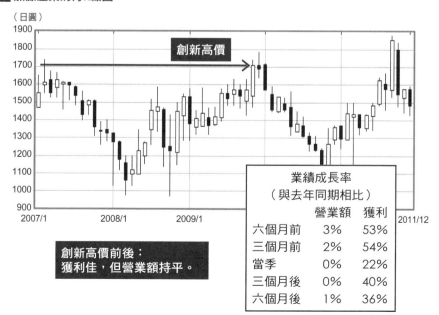

■ 加藤產業的月K線圖

創新高價前後：
獲利佳，但營業額持平。

業績成長率（與去年同期相比）		
	營業額	獲利
六個月前	3%	53%
三個月前	2%	54%
當季	0%	22%
三個月後	0%	40%
六個月後	1%	36%

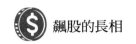

新高後就立刻下跌。三個月後和六個月後的獲利各自成長了40％和36％，但股價卻繼續下滑，原因就是出在營業額幾乎沒有成長；此外，平穩期範圍高達44％也是原因之一。

對投資人來說，在混亂期要找成長型企業，本來就不容易；同時，有些公司在營業額成長停滯時，會透過企業重整來美化財報的獲利數字，導致有些經驗不足的投資人會天真地想：「既然如此，那麼獲利有成長就好，不管營業額了。」

因此，在混亂期中，這條原則最重要，看企業的基本面時，請務必檢查營業額。

混亂期大利多，怎麼撿便宜？

混亂期和上升期比起來，投資確實比較難獲利，但相對地也有一項大利多，就是投資人可以趁機撿便宜，用低價買到好股票。本來根據我的「創新高價」選股規則，你必須買在股價創近期高點的價位，不過，混亂期的情況就不同了。請看圖表6-20，在行情的混亂期，即使創新高價的股票處於低水位，也是值得買進的對象，我們還是可以從中找出有希望的潛力股。

當大盤跌到只剩2007年高峰的一半，不少個股仍然維持亮眼的成績，只是被大盤拖累，股價才會下跌。在混亂期，我們要找的就是這些即使行情處在低水位也能買進的股票。

但買進這種股票有個先決條件，就是業績成長必須創新高（至少達到過去十年新高），能創下這種成長紀錄的同時，股價卻只有過去高點的一半，那真的就是買到賺到。請記住，獲利成長率必須

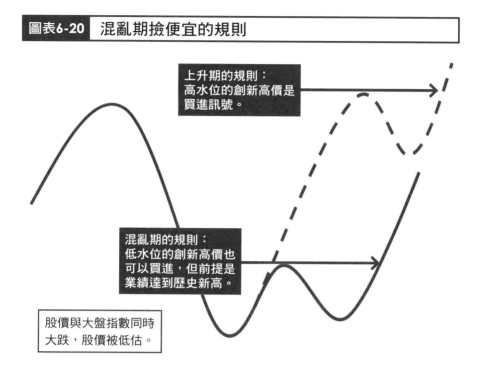

圖表6-20　混亂期撿便宜的規則

上升期的規則：
高水位的創新高價是
買進訊號。

混亂期的規則：
低水位的創新高價也
可以買進，但前提是
業績達到歷史新高。

股價與大盤指數同時
大跌，股價被低估。

突破十年新高，而非重返過去的成長幅度，別忘了三菱商事（見圖表6-16）的獲利重返過去高峰的96%，投資人還是不敢買進。

　　請看下頁圖表6-21的三麗鷗（以設計及生產Hello Kitty商品而知名），它的創新高價發生在非常低的水位，但營業額在過去兩季都是呈二位數的成長，獲利表現更突出，過去兩季成長了200%以上。如下頁圖表6-22所示，三麗鷗在發生創新高價的2010年3月期，獲利成長率破了過去十年的最高紀錄。

　　另外，三麗鷗在月K線圖的平穩期中，如果放大成週K線圖來看，裡面還有一個小型的平穩期（見圖表6-21下圖）。這是第一章

■ 三麗鷗的月K線圖與週K線圖

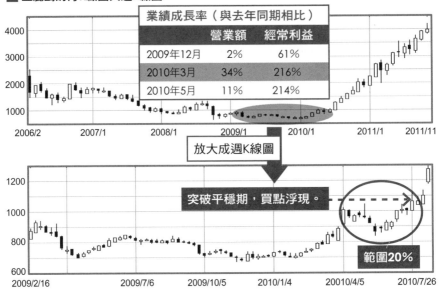

業績成長率（與去年同期相比）		
	營業額	經常利益
2009年12月	2%	61%
2010年3月	34%	216%
2010年5月	11%	214%

放大成週K線圖

突破平穩期，買點浮現。

範圍20%

■ 三麗鷗的經常利益長條圖

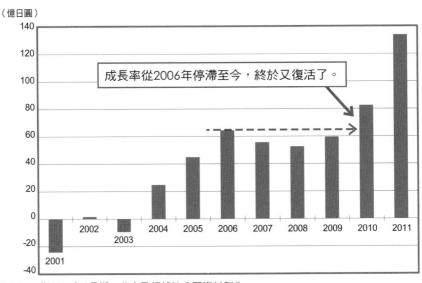

（億日圓）

成長率從2006年停滯至今，終於又復活了。

説明：2011指2011年3月期，此表乃根據該公司資料製作。

圖表1-22的變形版本，也是常見的平穩期模式。

除了看基本面，我們得看看這家公司是否具備發生巨大轉變的條件。在這段時間，三麗鷗生產Hello Kitty等可愛卡通人物的商品風靡全球，來自國外申請專利授權的合約源源不絕。過去歐美的流行商品沒有「可愛」這一類，但三麗鷗的卡通人物似乎打入了外國的兒童市場。在亞洲，日本的「可愛」文化更是掀起一股熱潮。

「在混亂期撿便宜」跟「買低價股」是不一樣的投資策略。買低價股是當股價在某個範圍內震盪時，買在相對低點；而在混亂期撿便宜，除了買在行情低水位的平穩期，其餘規則跟之前我說明的一樣，請務必嚴格遵守，特別是營業額成長率，請務必要留意。

第七章

下單前，再學兩招
守護資產的技巧

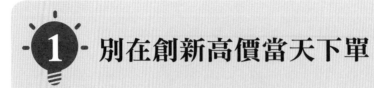

1 別在創新高價當天下單

獲利重點：避免追高。

重要度：★★☆

定律就是買「隔天的開盤價」

投資最重要的，就是不讓資產減少，只要好好守護資產，就是最棒的進攻。本章將說明守護資產兩個最重要的技巧，首先是下單的時間點。

當某檔股票的基本面和技術面都滿足了飆股條件、且創下新高價，就可以準備下單了。一般來說，下單的時間點有三種：

1. **盤中：確認突破過去高價，立刻買進；**
2. **盤後：確認當日收盤價創新高後，於收盤後下單；**
3. **在隔天開盤前，以前一天的收盤價下單。**

有人曾經模擬這三種下單方式的投資績效，結果大致相同。但是我強烈建議大家採用第三種方法，理由如下：

一、當一天的交易結束後，你有充裕的時間好好調查哪些股票的股價創下新高，同時又滿足了基本面與技術面的各項條件，這樣第二天你就可以氣定神閒地下單了。

二、盤前是一天當中下單量最多的時間，不必擔心價格跑掉。

三、隔日開盤前下單，是這三個時間點中最晚的一種，一般來說，股票持有時間愈短愈好，因為你永遠不知道到隔天早上為止，股市會不會發生什麼重大事件，或是該公司會爆發什麼意外醜聞。

相較之下，買在第一跟第二種時間點，有個共同的缺點，就是從開盤到收盤為止，你無時無刻都得要盯著行情變化。

用比收盤價再低0.5%～1.0%的價位限價下單

我再介紹大家一個實用技巧，就是以低於前一天收盤價0.5%～1.0%的價位，在隔天早上限價下單（別擔心買不到，一定還有機會）。據統計，日本股市的基本特性，是早上開盤前走高，開盤後的白天交易則股價疲軟，因此前一天的收盤價，通常會在隔天中午下跌1%左右。

請看下頁圖表7-1日經指數期貨的價格變動。例如在2011年「一年的變動」那一欄，日經指數期貨從2010年的最後一個交易日，到2011年的最後一個交易日為止，總共下跌了1,770日圓。

這個1,770日圓可以分成兩個部分：開盤前的價格變動（每天的收盤後到隔天開盤前的價差合計）為–240日圓，白天交易時間（早上九點到下午三點的價格變動合計）的價格變動為–1,530日圓，合計從2000年～2011年，盤前共漲了5,820日圓，白天交易時間則一共下跌16,220日圓。

會出現這種現象，大概是因為每當國外股市率先開出紅盤，投

飆股的長相

| 圖表7-1 | 收盤價在隔日中午會下跌1%左右 |

■ 日經指數期貨的價格變動

時間	前天收盤價到當天 開盤前的價格（日圓）	白天交易時間 的變動（日圓）	一年的變動 （日圓）
2000	-1,790	-3,280	-5,070
2001	-1,390	-1,910	-3,300
2002	1,310	-3,250	-1,940
2003	3,330	-1,140	2,190
2004	1,560	-790	770
2005	2,340	2,230	4,570
2006	2,340	-1,130	1,210
2007	-880	-1,140	-2,020
2008	-1,160	-5,260	-6,420
2009	740	970	1,710
2010	-340	10	-330
2011	-240	-1,530	-1,770
合計	5,820	-16,220	-10,400

説明：白天交易時間的變動，是指開盤到收盤的時間；一年的變動，是指本年最後一個交易日
　　　收盤價，與去年最後一個交易日收盤價的價差。

資人對東京股市便會抱持期待，因此紛紛在開盤前下單，但隨著時間冷靜下來後，指數又會慢慢回到正常水位。

由於個股的走勢會受到大盤影響，就連創新高價股也不例外，所以多數個股也會出現相同的現象。不過，還是有可能會出現開盤前價位較低、開盤後大漲的情況，但這種盤中氣勢較強的現象，只占全體股市不到兩成。

以商船三井為例，這支股票在2003年8月以380日圓創下新高，之後於2007年10月飆漲到2,040日圓，是2000年代的飆股代表。即使

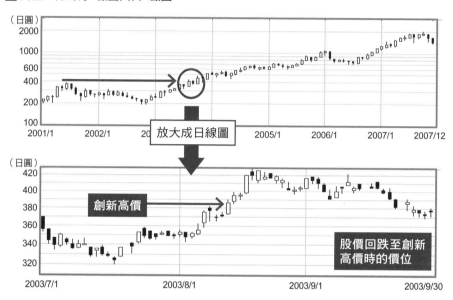

圖表7-2 錯過進場機會，還有下一次

■ 商船三井的月K線圖與日K線圖

是這樣大幅飆漲的股票，在創新高價後，還是有可能會疲軟一陣子。請看圖表7-2，它在2003年9月底，股價曾回跌至創新高價時的價位。

商船三井的例子告訴我們，創新高價股的走勢並非直線飆漲，而是會反覆波動，以鋸齒的形狀緩升，所以如果你錯失了一次買進機會也不必著急，一定還有機會進場。不過，就實際操作來看，它的平穩期幅度太大，所以如果是我，也不會在2003年8月時買進。

為什麼一定要便宜1%？

一定有人會懷疑：「便宜0.5%～1%有什麼用？用限價的方式下單，萬一沒有買成，不是更划不來？」

我希望大家這麼做，是為了降低虧損的風險，正因為股價會呈鋸齒狀上下波動、逐步緩升，萬一這一次的創新高價是鋸齒狀的最高點，之後股價就會開始走跌，如果好死不死，它創新高價後立刻暴跌，投資人就得承認判斷錯誤、趕快停損。

圖表7-3 創新高價後，股價下跌

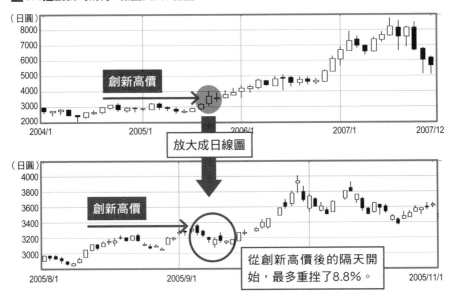

■ JFE控股公司的月K線圖與日K線圖

　　請見圖表7-3的範例。JFE控股公司在2005年8月創新高價，於創新高價成為收盤價的隔天，突然開出一根大陰線，之後連續三天走跌。如果你遵照「隔天開盤前下單」的規則，這三天會虧損8.8％。此時，如果你用便宜1％的價格下單，虧損就會減少1％，多少可以減輕心理壓力，這就是我要求以便宜1％限價下單的最大理由。

　　「下跌就有虧損風險」，是股票交易中非常重要的觀念，因此，下單看似是簡單的操作行為，你還是可以從中挖掘出避免虧損的技巧。這種面對風險的謹慎態度，往往就是成功獲利的關鍵。

② 不要把資金 全押在同一檔標的上

獲利重點：分散投資能幫助你將虧損最小化。

重要度：★★★

很多鼓勵民眾投資股票的文章都會這麼說：「以每年獲利15％來計算，投資10年，你的資產就會翻4倍。」這種數字只要敲敲計算機，任誰都算得出來，但我相信真正在股海打滾多年的人，絕對不會贊同這種說法。

我不是說你的資產不可能在10年內翻4倍，而是年年獲利15％，絕對不可能。實際情況比較可能是：有時40％，有時-10％，只是平均算起來是15％，但算這種平均值就像在算老鼠和大象的平均體重，一點意義也沒有。

事實上，股票的投資報酬率每年都會上下波動，如圖表7-4所示。當市場處於平穩期，獲利可能不高，但等到暴漲行情來到，資產就會大幅增加。此外，當行情走跌，報酬率也有可能是負值，而當行情轉為和緩的上升期時，資產也可能會牛步增加。

再厲害的投資人，都不可能完全沒有看走眼過，但有個辦法可以讓「看走眼」帶來的殺傷力極小化，就是分散投資。

分散投資是指不把所有的資金押在同一檔股票上，而是把所有資金分散到不同的股票。這麼做的主要目的就是減少虧損金額，道理很簡單：買100張股票萬一賠錢，損失是買1,000張股票的十分之

圖表7-4 實際上，你的投資很可能在某一年的獲利是負值

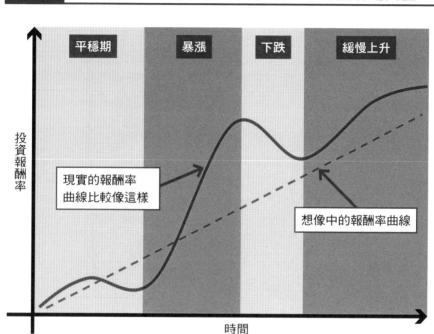

一，心理壓力也會減少十分之一。

如果你去賭場看同一桌的玩家，光是觀察表情，就能窺探他們的心理狀態。西方人比較大方，很容易跟陌生人聊開，賭局開始前總愛跟人聊幾句，但賭局一開始，他們的眼神會立刻變得銳利，看起來判若兩人，尤其是賭金很大時，更容易看見這種狀況。

話說回來，賭博的勝負完全靠運氣，但投資股票不一樣，勝負全憑自己怎麼做決定。那麼，你認為心理狀態氣定神閒的人跟無法氣定神閒的人，長期來看，哪種人比較容易勝出？我想答案已經很

明顯了。

　　分散投資的效果不光是能降低心理負擔、讓你氣定神閒，它還有另一個特點就是：賺錢時能多賺，虧損時又能少賠。

遇到下跌行情，分散投資的效果最顯著

　　假設你決定把資金分散投資到十個項目。買進第一檔股票時，只花了一成資金，手上還有九成的現金；買進第二檔股票時，資金比例降到八成。目前來看，資金比例節節下降，股票比例上升。

　　然而，如果你買到第四檔股票時，市場忽然進入下跌行情，根據我們的選股條件，下跌行情中通常不會出現創新高價股，所以你不會再買進新的個股，而讓資金維持在60％。

　　我一向建議投資人，手上持股只要虧損8％就應該立即停損。萬一不幸你買的這四檔股票都得停損，總資金一共會損失3.2％；但如果你一開始就把資金全押在同一檔股票，現在虧損的幅度將是總資金的8％。

　　買股的原則是訊號出現才進場，不會一口氣就買完。分散資金可以使買進的時間產生時間差，時間一分散，自然能降低風險。

　　我們來看一個實際案例。圖表7-5是日經平均指數於2007年7月來到高點時，分散投資十檔創新高價股的績效（這個投資組合比《大漲的訊號》第一章圖表1-2的投資組合歷時更長，但規則一樣）。光看圖表就知道，每次只用一成資金購買創新高價的股票，其績效比日經平均指數好太多了。

　　此外，圖表7-5的報酬率算法，是在賣出股票時才結算實際報

酬，沒有納入尚未賣出的帳面獲利，所以感覺會比日經平均指數（紅線）的上升曲線延後反應，其實把未實現的帳面報酬也算進去的話，總資金應該會和日經平均指數一起連動才對。

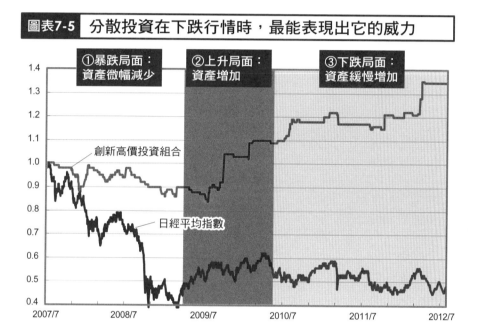

圖表7-5 分散投資在下跌行情時，最能表現出它的威力

1. **暴跌局面**：相較於日經平均指數跌掉六成，分散投資的投資組合最多只虧損了17%。

2. **上升局面**：分散投資的資產增加不到五成，比日經平均指數的漲幅（六成）略遜一籌。

3. **下跌局面**：相較於日經平均指數走勢往下，分散投資的資產反而漸增。

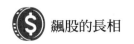

分散投資運用在上升行情裡，也能有不錯的報酬率。在圖表7-5的上升局面中，資金的成長幅度稍遜於日經平均指數，這是因為那段時間屬於混亂期的平緩上升局面；換句話說，由於行情的上升力道太弱，導致創新高價股的數量較少，所以組合投資未能完全發揮效用。

在上升行情中，最能影響投資組合表現的因素就是持股比例。假使上升行情力道夠強，根據選股原則，你應該有很多檔股票可以買，甚至會買不完，很有可能在行情初期就將資金布局完畢，而且這些股票之後的漲幅肯定不小。

每十支創新高價股中，大概只會出現一支真正的大飆股，約有四支必須停損，剩下的五支績效比大盤指數稍微好一些。這就像即使有很多歌手一夕爆紅，但真正能在年底登上紅白歌唱大賽的藝人，依舊是鳳毛麟角。

所以，比起把所有資金押在同一個標的，分散投資碰到明星股的機率會更高。基於這個理由，就算在上升行情，我還是認為分散投資的獲利表現，會比孤注一擲來得好。

分散投資不同類別的股票

分散投資時，如果你打算購買十檔不同的股票，請務必要把資金平均分成十等份，千萬不要有「我覺得某檔股票會大漲，所以當作重點投資對象」這種想法。

即使你在買進前很篤定「這檔股票一定會飆漲」，還是有可能會碰上暴跌、不得不停損，最後反而是你不看好的股票上漲了。

　　投資人可以靠機械性的選股條件篩選到某個程度，但若想對股票再做更深入的評價，很容易落入個人的主觀喜好，但**自己的喜好未必等同於市場的喜好**，因此，正確做法是對符合選股標準的個股一視同仁。另外，股票的類別也要分散，如果十支股票都是科技股或傳產股，這種做法稱不上是分散投資。

　　我覺得最理想的股票持有數量，應該是5～10支，20支股票可能太多了。此外，可能有人的資金較少，連分散成5支股票都很勉強，對於這類投資人，我建議每種股票都買最低單位就好（例如一張或零股），盡量分散、擴大投資範圍。

附錄 獨創K線五步驟檢核表

　　最後，我將本書的內容整理成K線五步驟檢核表。如果你看著每個步驟裡的檢核項目，能立刻想起它的意義，就代表你已經完全讀懂本書的重點，可以開始投資了。不過，我建議你不要一鼓作氣，剛開始，請用最小的額度為單位開始投資（例如從買零股開始測試自己的選股）。

　　以前我剛踏入投資這一行時，總以為每天忙碌地買進賣出就是投資，當我找不到適合投資的個股時，我就會很焦慮；這時候，如果看上什麼股票，不管它符不符合我的選股標準，總覺得一切美好、充滿希望。

　　根據我的經驗，買進這種「充滿希望」股票的人，大多會買在股價的高點。因此，為了能客觀地判斷能否買進，請各位務必好好運用這份檢核表，若是不符合的項目愈多，就代表你的投資風險愈高。

步驟一 用K線圖找出「創新高價」裡的真飆股

1. 理想型：檢查五個項目
●平穩期

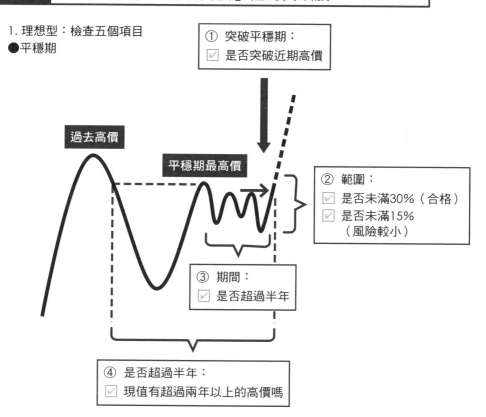

① 突破平穩期：
☑ 是否突破近期高價

過去高價

平穩期最高價

② 範圍：
☑ 是否未滿30%（合格）
☑ 是否未滿15%
（風險較小）

③ 期間：
☑ 是否超過半年

④ 是否超過半年：
☑ 現值有超過兩年以上的高價嗎

●平穩期出現在低水位時

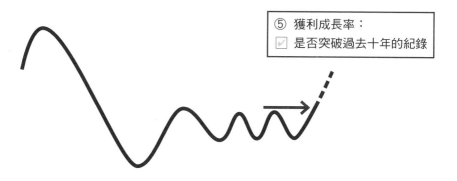

⑤ 獲利成長率：
☑ 是否突破過去十年的紀錄

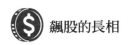
2. 變化型：檢查四個項目

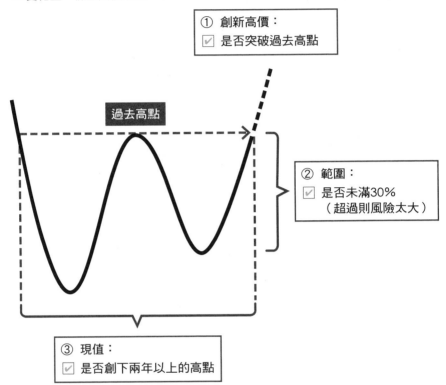

① 創新高價：
☑ 是否突破過去高點

過去高點

② 範圍：
☑ 是否未滿30%
（超過則風險太大）

③ 現值：
☑ 是否創下兩年以上的高點

●新高價出現在低水位時

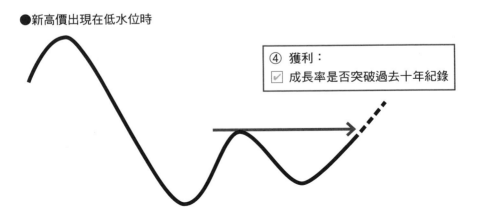

④ 獲利：
☑ 成長率是否突破過去十年紀錄

步驟二　看看企業是否經歷巨大轉變

最近二～三季業績

- ☑ 營業額年均成長超過10%、經常利益年均成長超過20%
- ☑ 最近一季的獲利成長率超過20%
- ☑ 若有單季業績未達標準，前後季是否達成
- ☑ 轉虧為盈的股票，要照第二章第四節計算成長率

公司是否經歷巨大轉變

以下只要符合其中一項即可：

- ☑ 搭上時代潮流順風車
- ☑ 獨占型企業
- ☑ 受惠於政府政策

確認問題股

飆股不能符合下面任何一項：

- ☑ 只有該公司股價上漲，同類股則維持低迷
- ☑ 落後補漲
- ☑ 獲利來自於企業重整
- ☑ 剛合併的公司

步驟三 **從技術分析推測買氣**

在創新高價當天,檢查以下項目:

☑ 1. 波動率:未滿6%(未滿4%風險較小,未滿6%屬中度風險,超過6%風險大)

☑ 2. 成交量:20日MV(平均成交量)成長兩成以上

☑ 3. 用K線波動率粗估股價高點,從現值到預測高點,漲幅是否超過20%

篩選的優先順序是1、2、3

步驟四 **掌握大盤走勢**

中趨勢──每天檢查:

☑ 現在是上升局面嗎?(創新高價股數量比上升)

☑ 上升局面快出現了嗎?(對照大盤的高峰,和創新高價股數量比的高峰,見注1)

大趨勢──偶爾檢查:

☑ 是否進入上升期?(大盤指數是否突破平穩期的高價?見注2)

☑ 是否和全球股市連動?(其他股市最近也創新高價了嗎?)

■ 日經平均指數的月K線圖

注1:在每個大盤高峰,看創新高價股數量比如何變化?

注2:以現狀來說,突破這個高點就會進入上升期(但創新高價的位置會隨著時間改變)。

步驟五 決定買或不買

不可能有股票可以完全符合檢核表的項目，因此，還必須考慮到每個檢核點的重要程度，進行綜合判斷。

個股魅力度

☑ 1. 是否有巨大轉變
☑ 2. 最近二～三季業績是否良好
☑ 3. 是否有創新高價
☑ 4. 是否形成平穩期
☑ 5. 從技術分析來看，買氣高嗎

非常重要

優先順序

重要

大盤魅力度

☑ 股市處於上升局面嗎
當行情處於下跌局面，個股魅力再高也無用武之地，此時應該戒急用忍，等待下一個時機到來。

國家圖書館出版品預行編目（CIP）資料

飆股的長相：我不看財報，照樣選對股票 / 林則行著；鄭舜瓏
譯. -- 初版. -- 臺北市：大是文化, 2014.02
　　面；　公分. --（Biz；129）
譯自：伝説のファンドマネージャーが実践する株の絶対法則
ISBN 978-986-5770-15-0（平裝）
1.股票投資 2.投資技術 3.投資分析
563.53　　　　　　　　　　　　　　　　　102025524

Biz 129

飆股的長相

我不看財報，照樣選對股票

作　　者	林則行（Hayashi Noriyuki）
譯　　者	鄭舜瓏
主　　編	顏惠君
副總編輯	吳依瑋
顧　　問	蘇拾平
發 行 人	徐仲秋
會　　計	林妙燕
版權專員	林螢瑄
版權經理	郝麗珍
業務助理	馬絮盈
行銷企畫	何芳儀
業務經理	吳幸錦
副總經理	陳雅雯
總 經 理	陳絜吾

出 版 者　大是文化有限公司
　　　　　台北市衡陽路7號8樓
　　　　　編輯部電話：（02）23757911
　　　　　購書相關資訊請洽：（02）23757911 分機122
　　　　　24小時讀者服務傳真：（02）23756999
　　　　　讀者服務E-mail：haom@ms28.hinet.net
郵政劃撥帳號 19983366 戶名／大是文化有限公司

香港發行　大雁（香港）出版基地‧里人文化
　　　　　地址：香港荃灣橫龍街78號正好工業大廈25樓A室
　　　　　電話：852-24192288
　　　　　傳真：852-24191887
　　　　　E-mail：anyone@biznetvigator.com
封面設計　劉子瑜
內頁排版　果實文化設計
印　　刷　鴻霖印刷傳媒股份有限公司
出版日期　2014年02月06日初版
　　　　　2014年03月10日初版四刷
定　　價　新台幣340元　　　　　　　（缺頁或破損的書，請寄回更換）
ISBN 978-986-5770-15-0（平裝）　　　Printed in Taiwan

別冊

股價翻倍的祕密！
2014最值得投資的潛力大飆股

作者：黃嘉斌／冠軍操盤人、財金文化顧問

一、掌握潮流又創造需求，必賺！

股市的本質是投資

跟對潮流，報酬隨著時間擴大

股市的表現優於債市

站在潮流的浪頭上，一度成為股王

關鍵為：是否禁得起時間考驗？

二、跟著政策走就對了

生技產業中，新藥開發最有利基

忽爆大量收長紅、創新高，大漲訊號出現

做「對」的事才能賺錢

三、市場唯我獨尊，不漲才怪！

有競爭優勢，大漲十倍

新製程降低成本，迅速擴大市占率

擁有獨特創意，外資才會愛不釋手

獨占力愈強的公司，賺頭愈大

全球最大主權基金經理人林則行在《飆股的長相》提到，公司獲利要呈現飛躍式的成長，必須得發生巨大變化、變得很賺錢，而買飆股的關鍵，就是要買在公司發生巨大變化的時機點。本別冊將根據林則行所說的三項巨大變化指標，來解析台股中最具潛力的賺錢類股與標的。

一、掌握潮流又創造需求，必賺！

經常有人把股票投資當成「買空賣空」的投機行業，偏偏著名的投資大師安德烈・科斯托蘭尼，也將自己一生的心得著作成書，並謙稱為「一個投機者的告白」，所以從事股票行業的人，只能期許自己成為優秀的「投機者」。

股市的本質是投資

但投機與投資是截然不同的概念，前者確實是「零和」遊戲，某人所賺的錢必然來自於另一人的虧損，比如期貨交易的獲利或虧損，必然來自於莊家的損、益。不過，後者就不同了，它可以是雙贏。

長期而言，股票市場的整體市值是成長的，所以參與者可以共同獲利，而且標的物本身（上市櫃公司）也會因每年的獲利配發股息股利，創造市場的價值，所以股票市場的本質當然是投資。

再者，也可以從心態做為研判的出發點。當買進一檔股票時，若認為賺錢的機率應該會超過賠錢，這就是投資；相對地，簽樂透時應該覺得中獎的機會不大，但若是「萬一」中獎，就發財了，這

就是投機。

當然啦！本質為投資的股票市場，也可以用投機的方式操作，只是當短期的運氣用完後，最終下場大概和絕大多數的賭徒一般。畢竟，依賴賭博致富的，只有電影中的「賭神」辦得到。

跟對潮流，報酬隨著時間擴大

「長期投資」是股市贏家最常提到的方式之一，因為隨著時間的流逝，往往更加有利於股票持有者。但是，時間這個要素之所以能提高投資報酬，必須是當投資方向與趨勢、潮流吻合時，潮流的影響性會隨著時間而擴大，投資報酬也會跟著同步擴大。

不過，一般人很容易混淆，你跟隨的到底是潮流？還是流行？你還記得曾經風行一時的「葡式蛋塔」嗎？這股熱潮持續了半年不到，現在大概只剩下肯德基還在持續投入銷售蛋塔。

蛋塔熱之後，接著出現了「巨蛋麵包」，這是更短命的商品，當初同樣造成許多人一窩蜂地搶開店，結果有許多商家還沒有裝潢好，熱潮便消退了，這就是「流行」。就好像股票投資的題材股一般，受青睞的時間短暫到禁不起考驗。然而，堪稱台灣飲料之寶的「珍珠奶茶」就不同了，現在竟然還可以遠赴國外展店銷售，成為國際性的飲品，這類商品就很有可能變成潮流。

研判潮流或流行，在投資的選擇上非常重要，這可以表現在兩個部分，首先是金融商品種類的選擇，另一個則是產業的選擇。

股市的表現優於債市

有關金融商品種類的選擇，也就是投資最上層的資產配置觀

念。以現階段來說，當歐美脫離金融海嘯以來的衰退窘境，開始進入復甦期，尤其是美國聯準會宣布縮減量化寬鬆（QE）的購債規模，等同是正式宣布資本市場中的「投資循環時鐘」，開始進入「股漲債跌」的階段，所以從總體經濟循環來看投資潮流，必然是股票優於債券。

事實上，在2013年下半年，國際資金從債券大量流進股票市場，也使得歐美股市不斷創下歷史新高，便可以得到驗證。至於債券市場則十分慘澹，還寫下14年來的最大跌幅。當然，債券價格也曾在2013年中多次出現迅速彈升，但這反而誘使許多人誤判方向，結果大多是以慘賠收場。

在此次趨勢中，必然的方向是資金由債市流向股市，進入股市後，優先受惠的是已開發國家（如美國、日本、歐洲地區），接著流往新興市場中權值較重的區域（如印度、台灣、南韓等），再轉往其他的新興市場國家。這股資金流動的邏輯很簡單，資金配置必然先增加大型「權值股」，其次是績優的中型「成長股」，最後才流進轉機股或是投資股，將此邏輯放大到全球區域的配置，便會得到上述的結果。

根據統計，2013年外資買超最多及漲幅最大的區域，確實是日本（買超1,499億美元）、美國（買超1,227億美元）、歐洲（買超459億美元）等，其次為印度（買超約199億美元）、台灣（買超約87億美元）、南韓（買超約47億美元）。

站在潮流的浪頭上，一度成為股王

另一個投資潮流應用，就是在於產業的選擇。比方說，從1944

圖表8-1　外資對亞洲主要股市買賣超金額

（單位：百萬美元）

時間	台灣	南韓	印度	泰國	印尼	菲律賓	越南	日本
2009年	15,680	24,689	17,854	1,137	1,383	420	71	18,591
2010年	9,593	19,543	29,321	1,920	2,332	1,229	617	36,543
2011年	-9,065	-8,543	-512	-167	2,862	1,329	95	22,257
2012年	4,913	15,084	24,548	2,504	1,713	2,548	154	31,110
2013年以來	8,737	4,743	19,856	-6,211	-1,864	678	256	149,920
12/6當週	266	-729	449	-587	96	46	1	1,106
12/13當週	581	-1,072	821	-428	-34	-47	4	6,001
12/20當週	37	2	835	-194	22	-77	28	8,053
12/27當週	277	-20	157	-52	-384	-2	18	--

資料來源：彭博社根據2013年12月27日當地證交所發布的資料。其中，印度為截至2013年12月26日的資料；日本則是晚一週公布資料。

圖表8-2　全球股、債、貨幣型共同基金流向

時間	股票型				債券型	美國投資級	貨幣型
	國際型股票	美國股票	歐洲股票	日本股票	美國債券	企業債券	美國貨幣市場
2009年	18,727	-8,279	2,506	-5,461	180,622	N/A	-466,143
2010年	6,500	33,467	-10,256	-840	149,347	N/A	-395,262
2011年	9,343	18,322	-7,952	1,872	143,288	N/A	-144,334
2012年	16,395	-9,912	-13,740	7,627	158,201	66,148	-15,544
2013年以來	85,290	122,741	45,887	43,389	62,819	54,000	-2,362
11/28～12/4	673	-2,523	1,466	567	-258	401	30,894
12/5～12/11	204	-1,085	4,554	-17	-689	1,697	2,755
12/12～12/18	-2,735	-13	1,136	-175	-4,221	146	-31,276
12/19～12/25	N.A	N.A	N.A	N.A	1,128	2,029	21,414

資料來源：彭博社。

年第一部電腦問世開始，人類進入電算機的時代，但是真正開啟全新商業模式、蔚為潮流，則是到1977年蘋果電腦推出的Apple II，這個趨勢潮流還延續至今。

台灣的電子產業便是倚賴這股潮流，發展出現今的規模。早期的宏碁（2353），及至後來的華碩（2357）、鴻海（2317）等，都是受惠於個人電腦的興起。到了中期，個人電腦的另一波發展——筆記型電腦，則造就現今的仁寶（2324）、廣達（2382）等集團企業，這些都是產業趨勢下的贏家。

至於近十年來，發展最快的手持式裝置，從功能型手機開始，包括明碁電、大霸、華寶（8078）、華冠（8101）等，都曾有亮麗

圖表8-3　鴻海（2317）受惠於潮流，股價曾經創新高

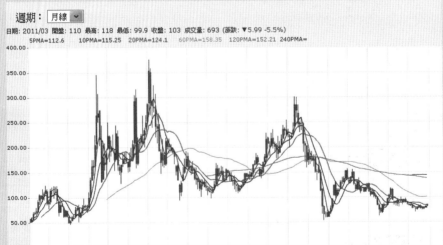

資料來源：群益金融網。

股價翻倍的祕密！2014最值得投資的潛力大飆股

的表現。一直發展到智慧型手機後，當年宏達電（2498）領先市場、站在潮流的浪頭上，在蘋果推出iPhone之前，它還曾蟬聯多年智慧型手機的第一品牌，位居台股股王寶座多時，更曾在2011年4月29日，創下1,300元的歷史天價，而這段期間，正是智慧型手機的高成長期。

關鍵為：是否禁得起時間考驗？

是流行？還是潮流？一字之差，會產生截然不同的結果。這確實不容易分辨，不過，我曾聽長輩說過一句話：「傳統曾經現代

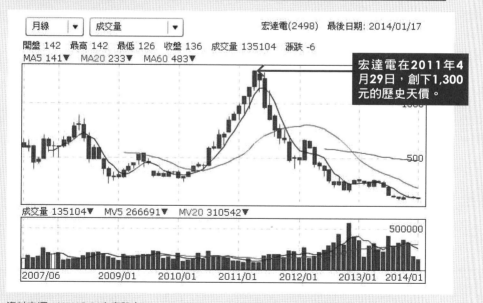

圖表8-4　宏達電（2498）領先市場，曾經創下歷史天價

資料來源：YAHOO!奇摩股市。

【007】

過，但是現代未必能成為傳統。」借用這句話的精髓即是：「潮流常從流行開始，但是流行卻未必能成為潮流。」因此，流行與潮流的研判關鍵，即在於是否禁得起時間考驗。

　　如何才能禁得起時間考驗？經濟學上說：「需求創造供給。」直接點出重點——需求，只有提供真正可以滿足消費者需求的解決方案，才能可長可久。舉例來說，蘋果出產的iPad，一上市立即熱賣，還造成風潮，它滿足了大多數人希望「操作簡單」、「只想上網」的需求，因而創造出一個新的市場區塊。

　　既然如此，流行之初如何研判能否成為潮流呢？我建議可以分為兩個階段研判，首先是從「需求強度」分析，可以從英文的「Must」（必須）、「Need」（需要）、「Nice to have」（有的話不錯）三個等級來看，如果該產品對於滿足我們的需求有強烈的必要性，比如現在幾乎人人離不開手機，這個需求強度便達到「Must」等級，所以蔚為潮流的機會就很高。

　　第二個階段的研判，就是成為流行性商品後，是否只是曇花一現。根據經驗法則，有一個具體的魔術數字可以參考，那就是「1,000萬個單位」。如果產品的年度銷售量可以突破1,000萬個單位時，應該就形成了趨勢或潮流，因為這代表著幾個意義：

1. 有足夠的樣本數（消費者），證明該產品可以被市場普遍接受。
2. 這樣的規模表示不是小眾的利基市場（niche market），很可能是大利基。
3. 這樣的規模足以形成一個產業讓供應商積極投入，有利於產業長期的發展。

還記得當第一代PDA（個人數位助理）產品推出時，聲勢浩大，也有多家廠商競相投入產製，結果年銷售量在朝1,000萬台突破之前便停滯了，然後很快地走下波、「退流行」。此外，「數位相框」也是一個短命的流行商品，同樣難以突破「1,000萬台」這個障礙，如今這些商品在市面上已難見蹤跡。

請記住，在投資領域中，唯有掌握潮流的個股才會幫你賺大錢！

二、跟著政策走就對了

當我們在投資股票時，最好謹記著「三不原則」：不要和趨勢（景氣）對作、不要和政府（政策）對作、不要和公司（insider）對作。切記！景氣不好不見得沒有行情，但是景氣不好絕對沒有大行情。換句話說，風險高、報酬低，當然不應該逆勢而為。

至於公司大股東一手掌握內部資訊，另一手掌握股票（籌碼），小股民如何與他們鬥呢？當然，如果你選擇的是正派經營的企業，基本上就沒有對不對作的問題。不過，別忘了，在取得個別公司的資訊時，大部分就是來自於被投資公司的本身，然後再佐以競爭對手及產業相關資訊去做綜合的研判，這些訊息來源有些已被扭曲，因此研判的準確度自然得大打折扣。更何況，確實有不少大股東對於自家公司的股票著墨很深，而且國內的法人、實戶圈也盛行一股與公司派「共襄盛舉」的風氣，所以我們在投資時，當然應該盡量避開。

而外匯、房市、債市、股市等市場，政府是同時扮演莊家及玩

家的角色，說是球員兼裁判其實也不為過。尤其是在股票市場，政府透過政策的引導，不僅直接影響資金的流動方向，也影響著產業的評價（本益比高低）。不要忘了，國內最大的法人就是政府的四大基金與代操基金。

正因如此，政策風向球對於台股走勢的影響力，甚至於還高過景氣循環的力量，所以政府也經常「善用」這股力量，來促進經濟或產業的發展。

例如1980年代，台灣要發展半導體產業，於是利用政策，刻意扶持聯電（2303）、台積電（2330）、華邦電（2344）、茂矽（2342）、旺宏（2337）等，這些公司都是在那時期相繼成立，然後到1990年代陸續掛牌，開啟台灣半導體產業的一頁輝煌，也因而帶動國內IC設計產業的蓬勃發展。接著，從IC設計公司中又不斷出現「一代一代的拳王」，像是聯發科（2454）、立錡（6286）、凌陽（2401）、威盛（2388）等，都曾經盛極一時，IC設計產業更被歸類為「永遠的主流股」。

生技產業中，新藥開發最有利基

近年來，受惠於政府政策的產業，則首推生技業。2007年6月15日，立法院三讀通過《生技新藥發展條例》，正式啟動國內發展生技新藥產業的引擎，也是資本市場生技熱潮的濫觴。

在國內政策鼓動風潮之前，一些掛牌的生技公司大多為下游代工藥廠或是代理商，真正從事新藥研發的公司少之又少，因此熱潮很快地消退。到了2010年5月6日，行政院進一步通過《生技新藥產業發展條例》第三條修正草案，並送請立法院審議，於是再次引

發熱潮。再加上由國內藥廠母公司轉投資跨入原料藥市場的中化生（中化轉投資，股票代號：1762）、台耀（永光轉投資，股票代號：4746）等，也於此時陸續掛牌，讓生技投資的市場活絡起來。至此，生技產業逐漸在資本市場占有一席之地。而投資人買賣時，也大多根據當前與未來營運狀況、成長動能等，做為評估的標準，縱使類股曾一度過熱，也少有泡沫現象。

　　根據觀察，政府有意以生技產業，做為驅動台灣下一波經濟成長的動能，特別是在新藥開發的部分，將是整個政策的重心，而其中如何透過股票市場的資金挹注，則是重要的關鍵。否則，僅由政府與創投業的出資，是難以籌措足夠的銀彈並穩健產業的。也因此，後來股票市場遊戲規則的修改，才得以讓第一家新藥開發商——基亞

| 圖表8-5 | 中化生與台耀的基本資料與週線圖 |

公司名稱	股票代號	掛牌日期	每股盈餘（元）	週線圖
中化生	1762	2010年12月20日 由中化（1701）轉投資	2013年第一季：0.54 2013年第二季：0.58 2013年第三季：0.09	
台耀	4746	2011年3月1日 由永光（1711）轉投資	2013年第一季：-2.45 2013年第二季：0.03 2013年第三季：0.63	

資料來源：YAHOO!奇摩股市。

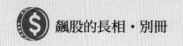

（3176）掛牌，從此新藥開發公司才算是真正進入資本市場。

投資人經過這些年的洗禮後，逐漸了解新藥開發才是生技公司最大的附加價值，也願意給這類公司不同於以往的評價。這些高額的溢價，挹注業者投入漫長開發過程中所需要的活水，更有助於讓產業發展步入正向循環。

事實上，我們從全球已發展成功的生技產業群聚經驗便可得知，生技產業發展成功的要素包括：政府政策、研發能量、資金與人才吸引、產業聚落等，這四項要素缺一不可。其中，從2007年開始，政策性的推動已是不遺餘力，只是高風險、高報酬，外帶回收期長的特性，使得新藥公司籌資不易，所以能否導入一個成熟的資本市場，並由造市者（政府、大戶、業者本身等）制定出一套遊戲規則，將是關鍵的臨門一腳。

當政府有意對某個產業扮演造市者的角色，並制定出遊戲規則時，就是一個新的戰場。這時，有意參與者應該放棄原有的評價模式，看清楚新的遊戲規則，搶占先機，就有機會成為股市贏家。

忽爆大量收長紅、創新高，大漲訊號出現

以生技產業為例，除非你扮演的角色本身就屬於造市者，否則很難用過去既有、已被認同的方式加以評估，因為財報虧損自然沒有本益比，同時淨值比也高得嚇人，因此先放棄過去的價值評估模式是第一步。

其次，建議多增加一些技術性的操作，研判「量價關係」的內涵，是最重要的課題。造市者不僅決定股價的走勢（他們往往自有一套股價規劃的邏輯），也是籌碼最多的持有者，任憑市場訊息天

花亂墜，只要出現周轉率異常，成交量在高檔出現爆量，卻逆勢收長黑，這很可能就是造市者獲利了結的退場訊號。

在生技新藥類股的操作上，籌碼是絕對不能漠視的指標。至於在買進訊號部分，經過長時間的整理後，忽然爆大量上漲，並且收長紅、創新高，就是行情即將開始的重要訊號。

以基亞（3176）為例，該公司掛牌上市後，經過近一年的整理，於2012年9月10日出現2,983張的大量（為月均量的兩倍），股價便從68元，一路上漲至231.5元才結束漲勢，但是股價在最後一波創下新高階段，成交量明顯不足，呈現量價背離的現象。尤其股價在2011年的11月與12月，分別創波段的新高後，都曾經出現大量，這

圖表8-6 基亞（3176）週線圖

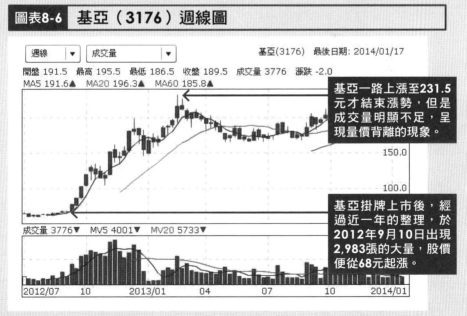

基亞一路上漲至231.5元才結束漲勢，但是成交量明顯不足，呈現量價背離的現象。

基亞掛牌上市後，經過近一年的整理，於2012年9月10日出現2,983張的大量，股價便從68元起漲。

資料來源：YAHOO!奇摩股市。

就顯示出特定人已經在「邊拉抬，邊出貨」中撤退。因此，當股價再創新高，成交量卻未跟上時，下跌反轉之後的上升，其實就是下一波跌勢的高點，若是當下不忍痛出脫持股的話，雖然通常還是會有一小段反彈的逃命波，但是因為先前曾經出現過多次大量，所以此時反彈的幅度通常不會太大。

做「對」的事才能賺錢

技術分析是協助我們，在無從認知基本面真實狀況下的一種好方法，除此之外，特別是被訂定新遊戲規則產業的投資，建議可以參考行為金融理論中的羊群效應模型（貝葉斯法則），這也是不錯的方式。簡單來說，貝葉斯法則就是當你看到一個人總是做一些好事，那麼這個人多半會是一個好人。

因此，如果不能準確知悉一個事物的本質時（例如對於基本面的認知不夠），就可以根據和這個事物特定本質相關事件出現程度的多少，去判斷其本質屬性的概率。譬如老是喜歡做一些弔詭事情的公司，大概就不會是好公司。換句話說，從實務去選擇投資標的，通常股價表現最優秀的公司，往往反映的就是該公司一直不斷在做正確的事情，然後股價就會將這個內在展現出來。

不過，要特別提醒的是，採行貝葉斯法則選股，並無法幫我們找到潛力飆股，而是在不能準確了解基本面，卻又想參與某個族群類股的投資時，可以採行的一種選項。

總括來說，2013年的生技股，算是政策推動下的大贏家，接著F股上市，將是2014年的政策重心，尤其是陸資色彩濃厚的公司，可以多加注意。另外，文創產業是政府努力打造的方向，相關主管機

關也開始編撰文創指數。不久的將來，這些都可望出現一群因政策受惠的公司。

三、市場唯我獨尊，不漲才怪！

獨占事業的形成，主要是因為「進入障礙」的關係，從這個障礙的成因，大致可以區分成三類：第一類是政府特許經營，例如早年的菸酒公賣、電信事業等，大型的公共事業、未開放民營化等公司都是代表；第二類是具備技術特殊性，因而最終獨攬市場，比如住友化學生產IC封裝材料的環氧樹脂，即占有市場六成的供應量；第三類則是專利形成的限制，這種狀況最常出現在生技產業中，尤其是新藥的開發更為顯著。

有競爭優勢，大漲十倍

在現實生活中，企業很難出現獨占的狀況，尤其是關係到全球供應時，政府也會祭出政治力的干預，用「反托拉斯法」強制拆解該企業或者扶植另一家公司。舉個例子，個人電腦微處理器（CPU）的龍頭英特爾公司，在技術上享有絕對的競爭地位，卻刻意留一杯羹給老二、老三，以維持市場有三到四家的供應商，這就是怕受到「反托拉斯法」的影響所致。

另一個例子是，當年微軟幾乎壟斷了個人電腦作業系統（OS），並強行搭載MSN做為入口網站，甚至有排擠其他入口網站的跡象，導致企業差一點被強制拆解為若干公司。

話雖如此，企業如果可以因技術或是擁有特殊的行銷模式，因

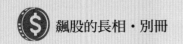

而掌握特殊的利基,這便會是一個值得長期持有的好標的,直到這
個利基被打破為止。以台股來看,統一超(2912)便是其中一例。
統一超商在1987年成立,由高清愿一手打造,歷經七年時間才轉虧
為盈,之後獲利便穩健成長,來到今日的規模,並穩居國內實體通
路的龍頭。

統一超商的成功,可以說是「長尾理論」的標準典範。它以科
學的技術,利用POS機制,建立精密的管理系統,將小眾市場集合
起來達到經濟規模,並且樹立了進入門檻,使得該公司在展店數量
突破經濟規模後,獲利便開始突飛猛進。它在1997年8月掛牌上市,
截至今日為止,將除權、除息還原回來,一共上漲了近十倍!這期
間不過六年的時間,漲幅相當驚人,原因就在其享有通路上的競爭

圖表8-7 統一超(2912)週線圖

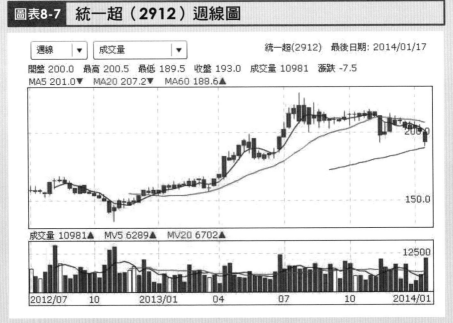

資料來源:YAHOO!奇摩股市。

優勢。

新製程降低成本，迅速擴大市占率

在瞬息萬變的電子業裡，1993年掛牌的國巨（2327）是一個好例子。國巨的主力產品為被動元件，包括電阻器、電容器等，長期以來，這是一個很重要（幾乎每樣電子產品都必須用到）、進入障礙不高、相當成熟的產業。由於技術層次不高，加上單價低，客戶重視的是品質與交期，因此廠商與客戶之間的關係黏著度非常高，不太會輕易更換供應商。

由於毛利不高，經過長時期的演進，現存企業也只剩下穩定的薄利。這種區域性的供貨關係，直到1990年代後期，出現了兩個重要的變化：首先是新的生產製程出現，帶來成本降低的效益；其次則是微型化的趨勢。

儘管新技術可以讓生產成本大幅下降，但是全新的設備動輒上億元，一次更換下來，至少需要數十億元，大多數的供應商無力、也不願意更換，這讓新投入的國巨便有了可乘之機，以新製程建立成本優勢。再加上，台灣是全球電子供應鏈中相當重要的一環，微利化讓業者錙銖必較，國巨挾著成本優勢，便能迅速擴大市占率。

在微型化趨勢方面，生產線由人工插件組裝，轉為自動化的SMT製程，這對於零組件的尺寸規格有了不同的要求，國巨即是掌握時機，一腳踩進這個大利基市場，四處攻城掠地，除了大幅提升市占率，獲利也同樣水漲船高。自1993年上市，在五年的時間內，根據還原權值計算，國巨的股價總共上漲超過十倍的水準。直到2000年網路泡沫化後，情勢才開始有所轉變。

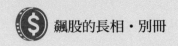

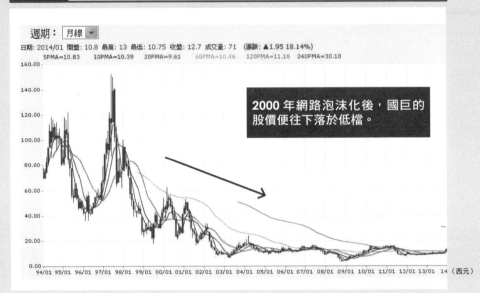

圖表8-8 國巨（2327）月線圖

2000 年網路泡沫化後，國巨的股價便往下落於低檔。

資料來源：群益金融網。

擁有獨特創意，外資才會愛不釋手

事實上，國內的企業生態，大多比較「速成」、「近利」，對於核心技術著力較少，因此鮮少有獨占性利基。就以IC設計龍頭——聯發科（2454）來看，它也是從山寨市場起家，技術的原創性較少。不過，聯發科經過多年的努力，現在比起國際大廠已毫不遜色。

特別是，聯發科著力在手機的「公版」上，不僅提供整體服務，更將手機機板的效能達到最佳化設計。這種將個人電腦clone（組裝）市場的概念複製到手機，讓聯發科在白牌手機市場中獨占

圖表8-9 聯發科（2454）月線圖

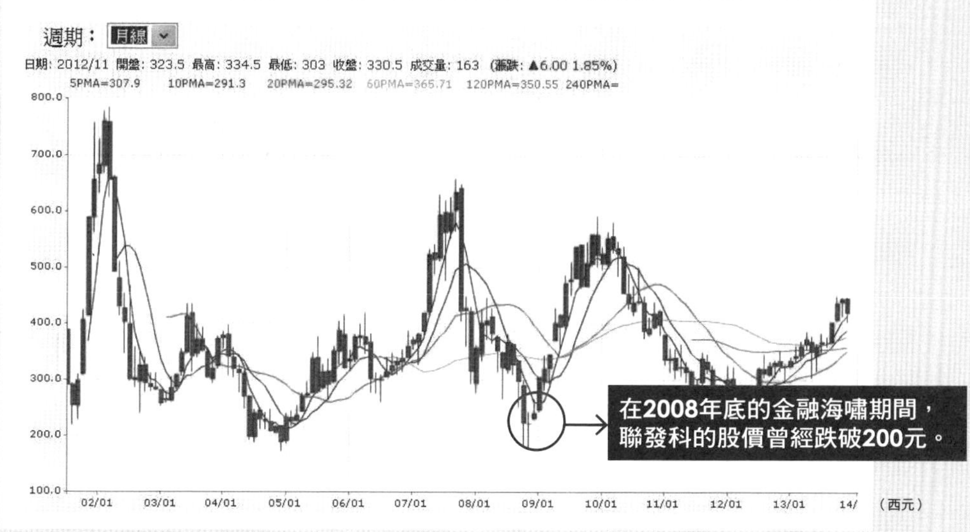
週期：月線
日期: 2012/11 開盤: 323.5 最高: 334.5 最低: 303 收盤: 330.5 成交量: 163 (漲跌: ▲6.00 1.85%)
5PMA=307.9 10PMA=291.3 20PMA=295.32 60PMA=365.71 120PMA=350.55 240PMA=
800.0
700.0
600.0
500.0
400.0
300.0
200.0
100.0
02/01 03/01 04/01 05/01 06/01 07/01 08/01 09/01 10/01 11/01 12/01 13/01 14/
（西元）
在2008年底的金融海嘯期間，聯發科的股價曾經跌破200元。

資料來源：群益金融網。

鰲頭，維持亮眼的獲利，更成為國內IC設計公司唯一「多代拳王」的企業。

聯發科從2001年上市以來，除了在2008年金融海嘯期間，股價曾經跌破200元之外，都一直維持著高股價。當年聯發科是以278元的高價掛牌上市，至今還原權值後，依舊有超過十倍的漲幅。

不過，若要說哪家公司是外資的最愛？那就非台積電（2330）莫屬了。台積電以獨特的企業創意，將過去整合在IDM半導體廠的業務，獨立出來為IC設計公司提供代工的服務，並且創造「Foundry」這個專有名詞與產業。

台積電的存在，無疑對半導體產業有卓越的貢獻，也讓許多具

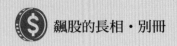

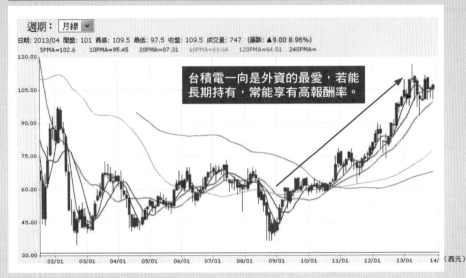

圖表8-10　台積電（2330）月線圖

週期：月線
日期：2013/04 開盤：101 最高：109.5 最低：97.5 收盤：109.5 成交量：747 （漲跌：▲9.00 8.96%）
5PMA=102.6 10PMA=95.45 20PMA=87.31 60PMA=69.64 120PMA=64.51 240PMA=

台積電一向是外資的最愛，若能長期持有，常能享有高報酬率。

資料來源：群益金融網。

有獨特創意的IC設計公司得以展現實力。這項貢獻也對於長期持有
台積電股票的股東，有著非常大的回饋。自1994年上市以來，根據
還原權值計算報酬率，台積電在29年期間上漲了50倍，可以說在任
何時候買進它，只要長期持有，皆能享有高報酬率，這也難怪外資
一向最愛它了。

獨占力愈強的公司，賺頭愈大

前面提及的統一超、國巨、聯發科、台積電等四家公司，有通
路、傳產電子、高科技的半導體產業，若是論及創意與獨占利基，
還是以台積電最為優秀，不僅股價表現累計漲幅最大，而且仍在上

升的軌道上。

　　其次則是聯發科，因為它的晶片提供造就大陸白牌市場的發展，這雖然不算是全新的概念，但是戮力於技術深根的工作，幾乎是國內唯一可以站在世界IC設計舞台上的企業，因此長期報酬率自是不遑多讓。

　　至於統一超，是率先將國外的連鎖超商引進台灣，有先進者的優勢，加上企業肯扎根經營，所以股價也是長期穩健地成長。縱使統一超的報酬率略遜於前兩者，但仍是相當可觀。

　　掌握產業轉變契機的國巨，以利基市場為起點，待企業成長到一定規模後，利基市場便無法承載公司的成長，所以儘管上市五年後，股價即有十倍的報酬率，但是當高峰期一過，股價同樣快速翻落下跌。若是持有至今，報酬率恐怕會剩下一倍不到，甚至還有虧損的可能。

　　由此可知，當獨占利基的時間愈長，獨占力便愈強，累計報酬率也會愈高。投資專家總愛說股票要長期持有，殊不知若持有的不是具備獨占利基的企業，到最後就怕仍是血本無歸。雖然具備這類條件的企業著實不多，但只要一經發掘，請切記：「時間會是你的好朋友」，能持有愈久，報酬率就會大得驚人！

（※本別冊介紹的股票，不表示筆者有買，若有風險，筆者與出版社不負任何責任，請讀者自行斟酌。）